LEADER IN ME

基于七个习惯的自我领导力教育设计

主编

王雷英

副主编

朱旭艳

编委

（按姓氏笔画为序）

王莉珺 方娟 朱强 许允 杨晖 陆爱萍 周红 赵媛

编写组

（按姓氏笔画为序）

王安宇 王蒙怡 毋思远 朱晓敏 朱媛莉 刘逸颖 苏灵 李成

李琳 杨曼 杨琪 杨璐仪 吴雪儿 吴蝶云 沈卓瑶 张华 张婧瑜

张瑛琦 赵洁瑾 赵逸澄 郭绮卉 黄煜 谢鸿锴 楼洁

中国青年出版社
CHINA YOUTH PRESS
中青文传媒

图书在版编目（CIP）数据

基于七个习惯的自我领导力教育设计 / 王雷英主编.
—北京：中国青年出版社，2021.1
ISBN 978-7-5153-6280-9

Ⅰ.①基… Ⅱ.①王… Ⅲ.①自我管理—课程设计—小学 Ⅳ.①G623.92

中国版本图书馆CIP数据核字（2020）第263035号

基于七个习惯的自我领导力教育设计

作　　者：	王雷英 / 主编　朱旭艳 / 副主编
责任编辑：	周　红
美术编辑：	杜雨萃
特约美术编辑：	洪　剑
出　　版：	中国青年出版社
发　　行：	北京中青文文化传媒有限公司
电　　话：	010-65511270/65516873
公司网址：	www.cyb.com.cn
购书网址：	zqwts.tmall.com
印　　刷：	北京博海升彩色印刷有限公司
版　　次：	2021年1月第1版
印　　次：	2021年1月第1次印刷
开　　本：	787×1092　1/16
字　　数：	186千字
印　　张：	14
书　　号：	ISBN 978-7-5153-6280-9
定　　价：	69.00元

版权声明

未经出版人事先书面许可，对本出版物的任何部分不得以任何方式或途径复制或传播，包括但不限于复印、录制、录音，或通过任何数据库、在线信息、数字化产品或可检索的系统。

中青版图书，版权所有，盗版必究

目录 CONTENTS

序 　　　　　　　　　　　　　　　　　　　　　007
自序 　　　　　　　　　　　　　　　　　　　　011

篇章一　传授领导力原则

校长手记　　　　　　　　　　　　　　　　　**017**
积极主动　我选择我负责　　　　　　　　　　022
以终为始　锻造管理达人　　　　　　　　　　029
要事第一　专注目标达成　　　　　　　　　　034
双赢思维　平衡勇气与体谅　　　　　　　　　038
知彼解己　传递爱的原则　　　　　　　　　　043
统合综效　从过程寻找结果　　　　　　　　　048
不断更新　和谐身心脑灵　　　　　　　　　　056
领导力笔记本　记录成长足迹　　　　　　　　062
习惯树　传达激励人心的讯息　　　　　　　　067
源于使命　让知行之间有个协议　　　　　　　070
家庭4DX　为记分牌庆祝　　　　　　　　　　074
居家学习　一个自我领导的绝佳时机　　　　　084

篇章二　创建领导力文化

校长手记	**095**
启航中队　教室的每一个角落都有"我"	098
小鱼儿中队　当阅读插上领导力翅膀	103
魔法中队　小助理的迭代生长	109
亮睛睛中队　让生命亮晶晶	113
试验田里的守望者	120
春天里的数学节	125
小小演说家　说出我们的宣言	130
爱弥儿电影节里的倾诉	134
天地领导日　做最好的自己	138
家长灯塔　助我们前行	141
学生灯塔　做校园的小主人	147
社区服务　温暖自己	151

篇章三　领导力与教学系统相结合

3

校长手记	**157**
让语言与思维共舞	160
卷入式备课　促抱团研究	165
综合艺术课的反应堆	170
美育入心　创"艺"无限	174
用体育的精神打造儿童	178
这样的学校　这样的领导力剧场	182
家庭实验室　实现我的科学梦想	190
挥动球杆　种下梦想的种子	194
微电影课程　走进第七艺术	197
创客机器人　会跳舞的机器人	201
hi~ 我们是爱弥儿乐队	205
教师领导日　领导力教学法展现多样态课堂	210

后记　　　　　　　　　　　　　　　　　　219

在杭州天地实验小学，看到一群活泼泼的孩子

序 FOREWORD

　　第一次见到王雷英校长，是我永远不会忘记的美好的一天，我们有一个同样的雅号"功夫熊猫"。2019年5月24日，我很荣幸受邀到杭州天地实验小学参观学校的领导力活动。这是Leader in Me教育项目被引入中国后第一所开展"自我领导力"主题教育的公立学校。对此我充满期待。

　　学生主导的领导力活动成为学校鼓励和培养领导技能的展示舞台。那天，学生成为学校的主人，每个学生都有各自的领导力角色。

　　王校长陪同我一起参观了学校和不同年级的教室，倾听了学生们对"自我领导力"教育的分享，重点讲述了将"自我领导力"工具运用于设定学习目标、实现目标的应用成果，三年级学生很好地展现了较强的组织和领导能力。我深刻感受到了，"自我领导力"项目与学校校园文化融为一体的美好呈现，尤其值得称道的是，天地实验小学将"自我领导力"教育结合中国本土的教育特色并做了大量的探索和创新，形成了一套适合中国国情的"自我领导力"教育体系。

　　从那天起，我被天地小学王雷英校长在领导力教育方面的实践成果深深吸引。带着丰厚的收获，我回到了美国，并与在教育行业的同事和熟人分享了我的所见所闻，他们对天地小学的故事产生浓厚的兴趣。于是，我决定邀请王雷英校长参加富兰克林·柯维国际教育举办的"自我领导力"教育全球峰会，请她发表演讲，向各国校长分享杭州天地实验小学在领导力教育方面取得的成功，让这所学校的成功经验传播到世界各地。

她的演讲确实触动了我的心，让我认识到，"自我领导力"教育在一所有着近2000名学生的巨型学校里应用和实践的巨大威力。在中国"自我领导力"教育发展领域，王雷英校长的贡献是毋庸置疑的。我相信富兰克林·柯维国际教育和全球"自我领导力"学校的校长们也从王雷英校长的分享中，了解到了中国的传统文化和中国学校的领导力教育成果。

王雷英校长以及她带领的团队，将他们在"自我领导力"教育方面的最佳实践汇集成一则则故事、一个个精彩的案例并呈现给读者。在这本书中，您将发现学生、教师和家长在学习了"七个习惯"和领导力原则后所发生的转变；您将看到运用领导力工具于教学教育中，并结合创意教学法所产生的成果展示，以及一系列校园"自我领导力"活动、校园学习空间变化、学生领导力的角色担当等具体的细节、过程展现。

我相信，这本书将激励世界各地的教育家，并给"自我领导力"教育全球联盟学校的所有人带来宝贵的经验，为那些刚刚开始"自我领导力"教育项目或有兴趣加入其中的学校增加信心。

我是一位作家、演讲者和创新者，富兰克林柯维公司副总裁、国际教育总裁。作为一名教育家，我希望通过领导力教育，影响包括儿童、青少年和教育工作者在内的人们。因此，我撰写了《快乐儿童的7个习惯》，《杰出青少年的7个习惯》，还编写了《高效能人士的执行4原则》和《杰出青少年的6个决定》等著作。

2002年，我们邀请了全美多所大学的教育专家系统地总结了全球第一所"自我领导力"学校寇姆小学的成功经验，并开始推广"Leader in Me"（自我领导力）教育项目。"自我领导力"教育是一套学校转型的最佳解决方案，为学生提供在21世纪茁壮成长所需的领导力和生活技能。1999年,"自我领导力"项目从一所学校开始,目前已发展到全球80多个国家的数千所学校。

作为"自我领导力"教育项目在中国大陆的先行者,王雷英校长预见到"七个习惯"和领导力教育将对孩子的成长产生深远的影响,并为之开始积极探索,我是非常钦佩这种勇气和领导才能的。

我坚信,这本书将在全球"自我领导力"学校中产生巨大的影响。作为富兰克林柯维教育总裁,我可以负责任地告诉您,这本书是中国学校"自我领导力"发展的瑰宝。我更相信,这本书也将成为"自我领导力"教育项目全球发展的里程碑。

肖恩·柯维

自序 PREFACE

1997年杭州天地实验小学创立。2014年9月,天地人如愿搬入了位于钱江新城望江地块的新校园,这座承载教育理想的润泽校园充满了朝气与活力。

天地广阔,育在细微。我们以"让儿童自由生长"为核心理念建构校园文化,呈现的是集生活、娱乐、探究、成长于一体的新型儿童社区。课程是"跑道",是孩子童年成长的经历。我们以"体验式学习"为核心元素建构学校课程,呈现丰富多彩的可选课程,带给孩子多样化的体验和多维的思辨,极大满足了时间与空间的需要,体验与需求的适切,全面展示了课程与教学的丰富,生长与成长的精细。

教育是生命对生命的感动和唤醒,教育的本质就是人的本质,教育就是对人的本质的教育。学校中的人是具有生命力的可以自我成长发展的人。学校为每个人的生命成长发展提供土壤和养分,学校支持每一位教师与学生的个性化、差异化、多元化发展诉求,鼓励并支持教师和学生"成为你自己",因为每一个人都是独一无二的,都有卓越的天赋和潜能。

从老天地到新天地,从"西湖时代"到"钱塘时代",短短几年,天地人秉承"会学,会玩,能说,能干"的校训,坚守教育情怀与品位,在一个陌生的社区里,收获了广泛的尊重和良好的口碑。

2017年秋天，学校不断地总结反思，尝试解码大型学校可持续发展的基因。学校是个有"人"的地方，人的发展和成长需要在关注中接纳，在接纳中交互，在交互中尊重，在尊重中共情，由此才能产生群体创新力和创造力。我们回顾了之前几年学校发展规划中的行进路径：课程，是桥梁和载体；素养，是起点也是终点；共同体，从协同走向融合。认识明确方向，理念引领目标，内涵助推可持续发展。

2018年春天，我们又在寻找一个学校发展的新支点，构建体验式学习校园的新生态，需要找到一个整体的、全面的、可渗透到所有学科和课程中的育人模式，让天地符号、天地文化、天地情怀自由扩展交融的适切点——它是真实的、有爱的、充满能量的。我们要的究竟是什么呢？学校越来越大，老师、学生、家长越来越多。一个大型学校的改变与发展必须依靠每一个个体的努力，学校的成功始于每个人的成功。只有鼓励每一个个体在自己的岗位上成为领导者，承担自己的责任，发现自己的使命目标，"做好自己，服务他人"，才能实现学校的使命和愿景。

很幸运，一个偶然的机会，我们遇到了"Leader in Me"——一个基于效能原则，以品格为基础，以原则为中心，由内而外、全员参与的"自我领导力"教育项目。从学校层面上看，"自我领导力"教育，通过教导领导力原则，创建校园领导力文化，最终将领导力与教学系统相结合，实现可衡量的目标。从个人层面上看，每个教师、学生、家长，都可以通过学习和实践"七个习惯"，重建与自己、与他人、与世界的关系，建立扎实的个人价值观，发展健康的社会情感，成为身体、精神、智力、社会/情感均衡发展的人。

柯维博士说："如果想得到一个小改变，你只需从行为入手；但如果希望看到真正的质的变化，请从思维开始。"思维是我们看待、理解和诠释外部世界的思维方式。"自我领导力"教育建立了"观（思维）—为（实践）—得（结果）"

的整体架构和个体改变模式。我们相信，在这样的模式中，师生与家长共同学习、践行改变，一定会突破学校成长与发展的瓶颈。

于是，在天地教育新的三年发展规划里，清晰地表述为：学校将构建领导力环境文化，架构教师、学生、家长、管理团队以及社会力量等多方助力的"自我领导力"联盟，使学校整体在文化、学业和教育生态等方面继续推进。领导力项目的实施，旨在构建一个合理的、有序的、平衡的过程，来激发学生和教师的最大潜能，提供必要的领导力技能，帮助学校改进家校关系、教师工作和学生的全面发展及自我管理。

这里特别要感谢汉晟国际教育，作为富兰克林柯维教育在中国的第一家官方合作伙伴，汉晟教育将富兰克林柯维公司的"自我领导力"教育体系和"21世纪人才培养学校转型解决方案"引进中国，并负责长三角地区的推广。在汉晟团队的指导下，我们找到了契合点、切入口，将"自我领导力"教育有机融入学校的生命教育与全人教育系统，让育人更有道，让自育更有根。

我们深知，这是一场静悄悄的革命，也是一场全员浸润的蜕变。天地大美，儿童至真，我们向阳生长，美好已然发生……

2020年12月于杭州天地校园

篇章一

①

传授领导力原则

LEADERSHIP

校长手记 NOTE

2018年6月，我校开始了共同学习。骨干教师、核心团队、全体教职员及灯塔团队的各级培训紧锣密鼓，参与式培训让我们增强了角色体验和换位思考，应该说，无论是"高效能人士的7个习惯"还是"自我领导力"教育的"观—为—得"都让我们的思考变得睿智起来。

学习颠覆了我们以往的定式思维，让我们重新审视自己的思维定式，找到一种全新的思维方式。"自我领导力"教育的"人人都可以是领导者；每个人都有独特的天赋；改变从我做起；教育者启发学生主导自己的学习；全人教育"这五大核心理念，不断地敲打我们的头脑，它就像一个强有力的免疫系统，源源不断释放出接纳、爱、欣赏、信任、尊重。

我们深思，关于"领导力、天赋潜能、学习动机、改变和教育"这五大主题的

思维模式和高效能思维，会导向完全不同的行为，导致截然不同的结果。两种不同的观（思维）、为（行为）、得（结果）的强烈反差，让每个人的内心都深受触动。

天地的老师们努力汲取学习的养分，我们展开头脑风暴，积极思考，结合实例充分发表自己的看法，内心的需求被点燃和唤醒，思维和情感的碰撞交织出智慧的火花。

在全体教职员的积极参与下，学校制定了清晰的"自我领导力"教育使命——教天地之道，教人事之道，育生命自觉。以品格为基础，以原则为中心，由内而外地修习"七个习惯"。让天地人拥有共同的语言系统和"自我领导力"文化，激发内驱力，完善自我生长，成为一所伟大的学校。

生长的基础是行动，老师们成为学习者和行动者，努力践行"七个习惯"。52位班主任承担了直接教学，从中午的"谈谈课"开始系统教导孩子"七个习惯"。学校把6个年级分为了低中高三个年段。一、二年级为低年段，三、四年级为中年段，五、六年级为高年段。三个年段分别进行学生发展特点、认知能力和教学策略的深入研讨。学校一到六年级，各选出一名"自我领导力"直接教学的备课组长，他们带领班主任对本年级的"自我领导力"学期课程进行规划，用自愿认领的方式，对学期课程进行备课分工。团队的统合综效让工作任务繁重的班主任们运用高效能的方式得到了完整、系统的学期基础课程的教学方案、活动安排和课件。班主任老师采用基本教学方案和课件，结合班级实际情况进行调整，就可以和孩子们共同创造一堂堂寓教于乐的课堂。直接教学的过程就是班主任老师践行"七个习惯"和领导

力原则的过程。

同时，学校专门组织了精彩纷呈的融入式教学创课讨论。各个学科的教师们结合教材元素，挖掘"七个习惯"和领导力原则可渗透的结合点，开展巧妙、自然的融入式学习。下图展示的就是语文学科的王安宇老师结合语文教材，设计的融入式学习提纲。

积极主动
1. 当蔺相如两次面对外交危机时，他三思而行，根据外交原则和所期望的外交结果做出机智反应，维护赵国国家利益。
2. 面对廉颇的误解，蔺相如不会抱怨生气，而是保持冷静，智慧使用"刺激"与"反应"之间的空间，使得两人成为好友。

以终为始
蔺相如始终以维护赵国国家利益为个人使命。对外，他能勇敢面对强大的秦王；对内，他团结文臣武将，同心协力保卫赵国。

双赢思维
蔺相如与廉颇等赵国大臣相处时，用的是双赢思维，积极与他人合作而非竞争。在沟通时，既能体谅他人也有勇气表达自己。廉颇不服蔺相如，蔺相如避而不见，但面对质疑时，回应："秦王我都不怕，会怕廉将军吗？……我之所以避着廉将军，为的是我们赵国呀。"

统合综效
蔺相如非常清楚创造性合作的重要性，他珍视差异，认为整体作用大于部分之和。秦王不敢进攻赵国是因武有廉颇，文有蔺相如，若两人闹不和，就会削弱赵国力量，所以蔺相如希望能与廉颇文武合作共同保卫赵国。

蔺相如所表现出的习惯特质

完璧归赵 → 渑池之会 → 负荆请罪

融入是自然的，适切的。天地实验小学良好的体验式学习土壤，有机融入"自我领导力"的养料，滋养出具有无限生长可能性的蓬勃生命力。

老师们在学习，孩子们在学习，家长们也同步跟上。学校分年级组织了全体家长的宣讲会，持续地进行灯塔家长的培训，让灯塔家长成为学习委员，带动班级家长群体的学习和实践。很多家长为了推动班级的"自我领导力"教育，积极主动担任班级家长的学习小组长,引领大家一起学习、实践、分享。教师、学生、家长全员参与,我们在一起形成了一个无所不在的完整的学习圈。

知行如何智慧地合一?学习需要内化,这需要强化孩子们树立、分解、达成目标的执行力。如何才能实现呢?天地的家长们配合老师们做了卓有成效的尝试,取得了令人惊艳的成果。在这个过程中,《高效能人士的执行4原则》(以下简称"4DX")有明确的步骤和具体的操作方法,起到了关键的指导作用。

2019年1月,我们在启动各个年级班级家庭的"七个习惯"学习的同时,启动了4DX家校共育达成目标活动。在家长们的积极参与下,每个年级班级都结合自己的孩子所在年龄段的特点和成长发展的需要,提出了具体的有针对性的目标。为了更好地进行相互监督和鼓励,还对本班级进行了分组。每个小组的家长,都回到家里和自己的孩子一起商定,请孩子们提出自己的关键目标,孩子们在家长的帮助下制定了一个学业目标、一个生活目标,并在接下来3个月的时间,加以严格的执行。孩子们在家长和老师的指导下,能够将目标分解为几个每日可以践行的引领性指标,每日拍照上传打卡,制作了追踪表,并定期进行检核和庆祝。

孩子们在一个个小目标的设立、分解、执行、跟踪、检核和庆祝的过程中,体会到了自己的潜力与价值。这是一个生命在经历了达成目标或者完成任务的酸甜苦辣而生成的对自我价值的认识,这种珍贵的自我效能感,将激励孩子不断复制自己的成功经验。家长们第一次如此深入和紧密地参与到孩子的学业目标和生活目标的设立和执行中,在这个过程中的陪伴、见证,让他们深切地相信了孩子有能力,有

毅力，有创意，有无限可能。

柯维博士说："只有当人们感觉由衷且有意义地参与其中，才会认同其实最佳的解决方案就在众人的智慧之中。"天地的家长们在学习中，懂得了双赢思维、知彼解己和统合综效，家校之间的关系更加和谐牢固，信任学校、理解老师，更加自觉地配合支持学校的工作。天地的家长们通过学习，也提升了个人工作效能和家庭生活的幸福感，因为他们懂得每个人都要由内而外地做出改变，他们愿意为了孩子而学习和改变，因为"以身作则"是最好的教育。

两年来，"七个习惯"把天地带入走心的学习状态，在一个合理的、有序的、平衡的学习影响圈中，改进了家校关系、教师工作、学生全面发展以及自我管理。我们庆幸我们之间日益增长的默契感，"七个习惯"铸就了天地教育共同话语体系。

"改变"的种子在天地的沃土里悄然萌发，那是"自我领导力"教育的根脉在生长，在延伸……

积极主动
我选择我负责

LEADERSHIP

积极主动是关于个人责任的习惯，基于责任、选择、担当、主动和智慧的效能原则。你有选择的自由，并最终对自己的幸福负责。那么，如何让学生通过课堂教学明白什么是积极主动的思维，该怎样进行"积极主动"的高效能实践呢？

一、三思而后行，根据原则和所期望的结果做出反应

我们可以选择自己的情绪，积极主动的高效能思维可以帮助我们选择成为快乐的人。怎样让孩子们学会积极主动的思维呢？天地老师设计了"我的天气我做主"主题活动，让孩子在具体的活动中感受积极主动的实践带来的正能量，积极改变自己的情绪天气。在活动中天地孩子们还运用了停步思考图，知道自己有选择的空间，在面对刺激的时候能够保持冷静，三思而行。

> **案例活动**
>
> ① **我的情绪天气**
>
> 师：同学们，今天天气好吗？是的，今天是一个大晴天呢！你们知道吗，除了现实生活中的天气，我们不同的情绪在心灵世界中也有相应的天气呢！
>
> 师：当我微笑时（纸盘转向笑脸方向，同时拿出"太阳"卡片），我的天气是……

生：大晴天！（自由回答）

师：当我难过时（纸盘转向哭脸方向，同时拿出"乌云"卡片），我的天气是……

生：阴天。（自由回答）

师：你现在的心情如何？请画下你的天气吧！

学生画写"天气字条"。

生1：今天早上我第一个到学校，我有一颗大太阳！

生2：看，我有漂亮的彩虹！

设计意图

类比可以帮助学生更好地理解从未接触过的概念。天地老师将自我情绪和天气做类比，帮助孩子觉察自己的情绪状态。在孩子反馈时，老师发现，孩子们的情绪是和具体事件联系在一起的，比如同学送给自己铅笔，和朋友之间发生小矛盾，都能影响孩子的心情状态。

② **选择自己的情绪天气**

一位男孩将写好的红色字条放入天气信箱。老师查看信箱，发现了红色雷电字条。老师走到男孩的座位旁边了解原因。

男生：早上我想把我最喜欢的课外书带到学校并和大家分享，但是我的小妹妹把它弄湿了！我太生气了！

师：你很生气是吗？为了让你不那么生气，我请你喝点饮料吧。

老师手拿可乐和矿泉水，分别摇晃两瓶饮料后递给男生，请他打开。老师问男生想要选择哪一瓶，学生没有犹豫马上选择了矿泉水，原因是如果选择可乐，打开的一瞬间可乐会喷涌而出。

师：（摇一下可乐）是呀，可乐只要轻轻一晃，打开瓶盖就喷出来了，周围的人都避而远之，可乐也会只剩下一半。

师：（摇晃矿泉水）矿泉水怎么摇晃都没关系，它还是满满一瓶，受到大家的欢迎。让你选择，你想当一瓶"矿泉水"还是"可乐"？

男生：小小矿泉水，了不起。就算遇上不开心的事情，我也会平静面对。男生修改雷电图标，变成太阳。

师：你太棒了，学会了控制自己的天气！

停步思考图

设计意图

老师巧妙地通过"可乐"和"矿泉水"的比喻，让孩子们知道尽管我们无法选择生活中发生的事，但是我们可以选择自己的心情和对事情的反应。积极主动意味着，自己选择自己的天气，不让他人的情绪影响自己的心情。我们必须要把精力集中在控制自己的"天气"上。我的天气，我做主！

③ 如何让情绪天气"阴转晴"

师：我们都想要一个美好的"晴天"，但是在遇到一些麻烦事时，我们经常会来一场"雷阵雨"。我们可以做些什么来控制自己的"天气"呢？

生1：就像可乐一样，先静置一段时间，就不会爆炸啦！

生2：我知道啦，我们可以按下暂停键，让自己深吸几口气，然后再来想办法解决问题！

师：是呀，不管是狂风暴雨还是昏暗阴沉，你都可以按下"暂停键"来改变自己的天气。你的天气如何都取决于你，只有你才是自己情绪的主人，以积极的心态面对，每天都是大晴天！

之前生气的男生：哦，原来如此！刚才我还很生气，但是喝完饮料后，我不但不气了，还在积极地想如何把情绪晒干呢！

师：在刺激与反应之间，我们有选择的空间。我们可以利用这张停步思考图，告诉自己，在即将要"打雷"时，我们需要按下一个暂停键，让自己的天气"阴转晴"！

设计意图

自己选择自己的天气，不让他人的情绪影响自己的心情。我们必须要把精力集中在控制自己的"天气"上，积极主动的行为就包括三思而后行，根据原则和期望的结果做出反应。

在刺激面前，积极主动的人会按下暂停键，基于原则和期望的结果选择回应方式。随着他们智慧地使用刺激与反应之间的空间，他们选择的自由越来越大。真正伤害我们的并不是人们对我们所做的事情，而是我们所选择的对他们所作所为的反应方式。

天地老师将情绪天气的转换与停步思考图相结合，能够强化"在刺激与反应之间，我们有选择的空间"这个行为，这才是习惯一积极主动的最重要的含义。使用停步思考图时，先将刺激（也就是你所碰到的情境、事件等）写在左边的格子当中。然后，请学生思考他们可能有的一些反应。最后，请他们将最适当的反应写在最右边的空格当中。这个工具的目的在于让学生知道自己有选择的空间，而不是凭本能被动反应。

二、专注于你的影响圈

专注于自己的影响圈是积极主动的另一项高效能实践。你的影响圈包含了那些你能直接影响的事情。你的关注圈包含了你所关心但很难掌控或无法掌控的事情。消极被动者的焦点，往往在他们不能控制的事情上，他们几乎没有时间和精力用于自己能控制的事情。结果，他们的影响圈就会缩小。而积极主动者刚好相反，他们把自己的焦点放在他们能影响和控制的事情上，于是他们就会拓展自己的知识和经验，建立起可信度，这样，他们的影响圈就会扩大。

天地老师在直接教学过程中，正是依据这些理论，结合学生的认知发展规律，融入可控圈的概念，帮助学生思考学习生活上遇到的问题，进行正向引导。对于三年级的孩子来说，他们在学习上更多关注事情的结果而忽视了自己对于这件事的可控性。因此老师们在直接教学筹备时，进行了充分的问卷调查，通过对孩子们最关注以及最困惑的问题进行反馈，针对"地面卫生整洁"设计了一次专注于影响圈的教学。教师在直接教学过程中围绕"可控圈和不可控圈的区别"和"如何利用可控圈"设计了两个有趣的课堂活动，孩子们学会使用可控圈图并能够学会把精力集中到可以控制的事情上。

案例活动一

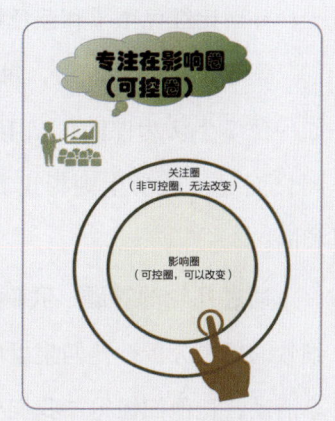

右图为可控圈图片。这个工具叫作可控圈图，内圈是影响圈也就是可控圈，包括所有自己能够控制的事情。外圈是关注圈也就是不可控圈，包括所有无法控制的事情。这里老师把学生平时做的事情制作成了词卡放在每个小组的信封里，请学生来分类，将他们认为自己可以控制的事情放入可控圈，而自己控制不了的事情放进不可控圈。小组合作完成，交流汇报自己的想法。

学生借助生动形象的可控圈图，区分自己可以控制的事和不能控制的事。通过这个小游戏，学生的积极性更高了。可控圈图能够让他们把原先抽象的概念具象化。紧接着，老师从课前收集到的问题中选择其一让学生进行思考，例如："关于保持地面卫生整洁，什么因素在我的可控圈范围内？"老师发现学生对于这一问题很感兴趣。

案例活动二

通过刚才的归类小游戏，学生区分了可控和不可控的事情。接下来老师带学生再玩一个小游戏。这次让不同颜色的帽子出场。游戏主题：关于保持地面卫生整洁，什么因素在我的可控圈范围内，什么因素在不可控圈内？
要求：

1. 学生进行可控圈图内事项的扮演。

2. 属于可控圈内的小朋友戴红色的帽子，属于不可控圈的小朋友戴蓝色帽子。

3. 对比红色帽子和蓝色帽子的数量。

学生进行答题活动，每个人代表自己的观点，进入可控或不可控圈。例如一位学生认为课间打扫卫生是自己可以控制的，她戴上红色帽子进入可控圈；而另一位学生则提出其他同学乱扔垃圾是自己控制不了的，属于不可控圈。

通过几轮的答题，我们可以关注到学生对地面卫生整洁这一问题进行了细致的思考分析。他们集思广益，甚至关注了以前没有关注过的问题。此次分享活动，让他们懂得"我们要花更多的精力集中在自己能够控制的事情上，放下那些无法控制的事情"。学生通过这样的亲身体验，学习在面对困难或者是一些不良习惯时，先把注意力集中到自己能控制的事情上来，这样他们的影响力将会越来越大。

设计意图

积极主动并不是一个口号，而是需要融入学生的学习生活，逐步改变学生的思维模式，将高效能原则更好地实践。在直接教学的过程中，教师不能照本宣科，需要根据学生的实际情况进行教学活动。越是与学生日常学习和生活息息相关的事情，越能引发学生的共鸣与认同，学习效果越好。

以终为始
锻造管理达人

LEADERSHIP

"七个习惯"告诉我们，人人都可以是领导者。对于二年级的小学生而言，积极主动地利用空闲时间安排个人学习生活不仅有助于养成处事好习惯，还可以为提高学习能力奠定有效基础。如何把班级的午间管理和"七个习惯"结合起来，让午间30分钟更加合理有序、充实高效呢？刘老师的方法值得借鉴和学习。以下是刘老师的班级管理记录。

在班级教学中，我很注重培养孩子的时间管理能力。如何以此为基础向学生传授相关的领导力原则呢？我在日常教学和班级管理中找到了契机。对于孩子们在校的时间利用情况，我通过观察学生在学校的日常表现、记录学生小组作业完成时间、分析学生校内时间利用情况、访谈各科任老师和部分学生等方法进行了综合考量，最终定下以"午间管理"为主题的直接教学。它的原则基础是"七个习惯"中的习惯二以终为始。学生在学习过程中通过使用领导力工具"莲花图"和"停步思考图"来梳理"午间管理"的内容，寻找"午间管理"的做法，并在了解和使用领导力工具"优先顺序表"的基础之上收获最合适的午间管理方案，做午间管理的小主人。

上课前，我早早准备好了课件、小组学习记录单、空白纸条来到教室，和同学们一起回顾"做人做事，井井有条"的班级使命。

如何成为一个"井井有条"的午间管理小主人？问题抛出后，孩子们各抒己见。有的说要紧跟着老师的节奏完成每项任务，有的说要用好每分每秒，有的说要用之前学过的习惯一积极主动来管理自己的中午时间，做事不要别人催，要自己主动地完成……孩子们的答案令人动容。

紧接着，围绕"每天的中午时间（12:20~12:50），我们可以从哪些方面来管理自己？"这一问题，孩子们和我开始了第二场讨论，大家以小组为单位，开启了头脑风暴。依据孩子们的回答，我也及时在黑板上的莲花图中记录下讨论结果。不一会儿，我们就一起总结出作业、卫生、纪律、阅读、交谈、批改、喝水、上洗手间等方面。

经过一番梳理，孩子们也感叹："原来我们的中午时间可以完成这么多事呀！"眼见孩子们的思维越来越开阔，我立即引导孩子们回顾之前提过的"要事第一"的原则，孩子们还利用"优先顺序图"来排列上述管理内容的顺序。

我为什么选择"中午时间"

通过前期较为全面的了解和充分的小调研，我发现：在我的班级里，孩子们对于中午时间的管理感知相对迷茫，许多同学存在不知道该做什么，或知道却做不到的情况。因此，为了解决这一实际困难，我想到了"七个习惯"中的"以终为始"，和孩子们一起定下"管理好自己的午间时间"的终极目标，并以此为起点开展讨论。

我为什么这样做

高效能人士具备领导力，如何让孩子逐渐拥有领导力思维？我从"共同语言"切入，将班级使命"做人做事，井井有条"作为开启本课的起点。这个起点对我们班的孩子来说再熟悉不过了。我们从一年级的新生入学军训时起就提炼出这一使命并为之努力。

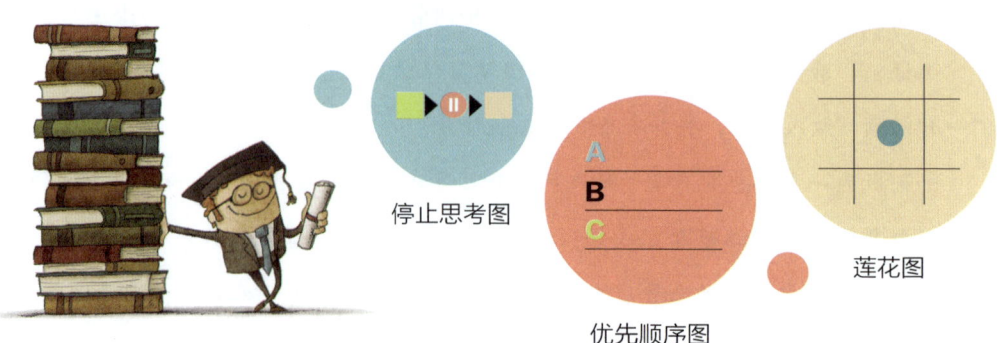

停止思考图　　优先顺序图　　莲花图

理清了优先顺序，让我们按下心中的暂停键，思考——在每个不同的方面，我们可以怎么做？在这里，我先进行了一个示范，选择了其中的"卫生"举例，在停步思考图中演示不同的做法。我先引导孩子们思考：在管理"午间卫生"上，我们可以怎么做？孩子们依据实际情况，罗列出以下做法：

- ✓ 吃完饭马上认真地打扫卫生。
- ✓ 先去外面玩一会儿再打扫卫生。
- ✓ 一边玩一边打扫卫生。

接着我请孩子们选出最合适的做法，填入"停步思考图"，并将最终的思考结论作为该方面的原则。最终，我们定下一条"管理午间卫生原则"——吃完饭马上认真地打扫卫生。在这一过程中，我们逐渐加深了对"要事第一"的体会和理解。

有了集体思考的经验之后，孩子们以小组为单位，讨论5分钟，罗列几条组内成员人人认可的原则，并写在事先发好的空白纸条上。孩子们总结出不少有趣又实用的午间管理原则，比如：卫生打扫好马上抄写家庭作业；及时整理书包柜，不要总是让同学来提醒你整理；利用午间整理书包、阅读等等。

孩子们统合综效，我将一首小儿歌奖励给孩子们，并和孩子们一起动起来，做做课中操——

中午时间我会用，

要事第一更专心。

完成任务再休息，

我就是——午间管理小主人！

做人做事，井井有条，这是我们的班级使命。从午间管理来看，我们如何才能真正做到井井有条呢？孩子们把刚刚讨论的结果整理成了一个鱼骨图，大家高兴地说："现在，我也可以变得井井有条！"是啊，做好午间管理，其实就像ABC这么简单。A（Ask，要求）即把午间分解成多个步骤。B（Bring，带来）即把需要的材料放在随手就能找到的地方。C（Complete，完成）即集中注意力完成任务，避免分心。

最后，我们在共同合唱一首悦耳又美好的《天地好习惯之歌》中结束了今天课堂上的以终为始主题。我们都知道，养成好习惯的路上，我们迈出了重要一步……

做人做事 井井有条
1. 吃完饭马上认真地打扫卫生
2. 利用午间整理书包柜，不要等同学来提醒才整理
3. 打扫好卫生马上抄写家庭作业
4. 及时完成课堂作业后可以自主阅读一会儿
5. 写完作业再出去玩
6. 完成学校作业后还可以提前完成家庭作业

附 记

1. 刘老师的班级管理日记（节选）

11月5日

几周前，请孩子们开始记录家庭作业的完成时间，3:30放学，快的孩子4:20就能完成，慢的孩子甚至到九十点钟都还坚守在书桌前。

学习任务一样，究竟是哪些方面拖延了时间？

九十点钟完成的孩子睡眠肯定不足，第二天上课精神欠佳，岂不是造成无止境的恶性循环？不行！我们要改变！

想起我们的班级信念，那就是"做人做事，井井有条"！

牢记要事第一的我们，从学校的午间管理到家庭的自我管理，为了让自己成为时间管理的主人，我们开始付出努力……

再想起我们的学校信条，"会学会玩，能说能干"！

养成好习惯的路上，这两天里，我们迈出了重要的一步！

2. 家长们发来的"家庭时间管理"记录单

学完课堂上的内容，孩子们主动将"午间管理"拓展到"时间管理"，对自己在家里的时间管理进行了一次完善的记录，家长们也用心点评，我们正在不断更新中……

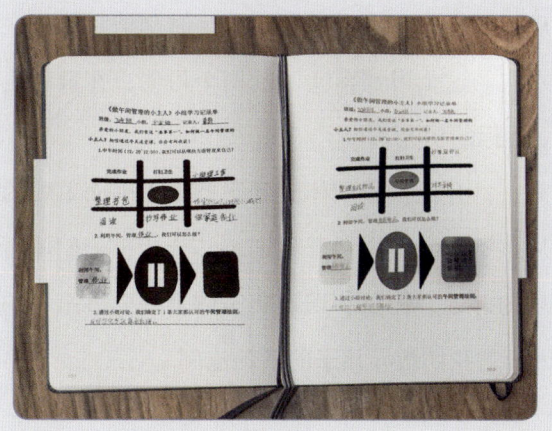

要事第一
专注目标达成

LEADERSHIP

　　要事第一是通过独立意志的发挥，建立以原则为中心的处事态度，进而达到有效的自我管理。有效管理是掌握重点式的管理，它把最重要的事放在第一位。由良知决定什么是重点后，再靠自制力来掌握重点，时刻把它们放在第一位，以免被感觉、情绪或冲动所左右。这个习惯落实了前两个习惯，在日常生活中，随时随地展现出积极主动与确立目标的功夫。

　　教导孩子要事第一，会让孩子们体验到坚持做正确而重要的事情并不容易，因为外界诱惑太多。从孩子的学习生活开始训练，会让孩子们体会到排优先顺序、做计划，先学习后玩乐的好处，让孩子切切实实体会到要事第一的益处，这是我们教导孩子的切入点。下面是我们教导孩子的活动范例。

教学活动一： 专注于最优先的事

01 　　导入：我们继续开启激动人心的领导力之旅吧！树根为树木提供养分，让它们长得高大挺拔，习惯一积极主动、习惯二以终为始和习惯三要事第一，为成为一个领导者奠定了稳固的基础。个人养成好习惯的过程，就是一点一点成为领导者、领导自己的过程。而个人的独立和成功是领导他人团队合作、获得团队成功的基础和前提。通过今天对习惯三要事第一的深入学习，你一定可以成为更高效的学习领导者。

02 提问：什么会让你感到压力？有的时候，我们会说"天要塌了"。各种活动、学校和家庭任务越积越多，感觉自己好像没有足够的时间。这就到了习惯三要事第一派上用场的时候了。

03 出示"学生本周任务表"，请你给所有任务编号，排列事件优先顺序：在最重要的任务旁边写"A"；在次要的任务旁边写"B"。请你分享自己的观点。

04 你会用剩余的时间做什么呢？在表格空白处写下你的答案，并进行分享。

05 请同学们一起读：我只把时间花在重要事项上。这意味着，只要我认为属于不该做的事，我绝对置之不理。我为每件事设定轻重缓急，设定日程安排，然后按计划逐项展开。我办事有条不紊。

06 请同学们说说排列优先顺序对于做到要事第一的好处。

> **设计意图**
>
> 经过教师及时引导，学生们懂得了要事第一的大致内涵，初步了解了把时间安排在最重要的事情上，能减少心理压力。

教学活动二：排定"大石头"

01 请两组同学同时开展实验。分别给他们相同的空瓶子，相同分量的沙子、大石头、小石头。看哪个组往空瓶子里装的东西多。得出经验：可用一个空瓶子先装大石头直到装满，然后再装小石头直到装满，再装沙子。其余同学观察两组实验过程。

02 教师引导：虽然每次空瓶子从表面看上去都已经装满了，但其实还是有空隙的。生活就像是个大瓶子，只要细心留意总会发现生活中的时间空隙。大石头、小石头、沙子分别就像重要的事情、次要的事情、琐碎的小事情。时间就像海绵里的水，是可以挤出来的。我们应当善于从生活中发掘这部分空余时间。

03 再次利用上一环节的"优先顺序表"，优先排列自己的"大石头"：在表格的左边，列出自己本周的"大石头"；在右边，按优先顺序用数字编号排列自己的"大石头"。请学生分享找到"大石头"对于自己安排生活有何帮助。

04 总结：任务顺序的合理安排也是非常重要的。有同学光知道要提高速度，提高效率，追求快、更快，结果在越来越忙碌的生活中漏洞百出，同时生活也变得单调。这一切是因为缺少正确的判断，导致方向错位而造成的。要事第一告诉我们，应该首先处理"大石头"，也就是最重要的事情。

> **设计意图**
>
> 通过实验、分享，学生们学会了找到最重要的事情，安排好自己的时间，实现自己的周目标。

教学活动三：高效能地生活在第二象限

01 板书，画"四个象限"。

02 导入：打包行李时，衣服叠得越整齐，摆放得越有条理，就越能在箱子里放更多东西。学习和生活也是一样。要事第一就像打包行李一样，帮助你将更多的事情，特别是重要的事情安排到一天的生活中。要事第一告诉我们，我们的时间都分配到了四个象限：象限一，重要且紧急；象限二，重要但不紧急；

象限三，紧急但不重要；象限四，不紧急也不重要。

03　请学生小组合作列举一些日常小事，由记录员记录在便利贴上。组长们分别把便利贴归类到四个象限里，贴到黑板上。

04　你会把大量时间花在第几象限？那你觉得应该把时间花在第几象限？为什么？学生分享自身经验，说说感悟。

05　要事第一的关键在于把大部分时间花在第2象限。请学生画一个符号，提醒自己要生活在第2象限。

设计意图

在合作中，小小领导者感悟到，把时间花在重要但不紧急的事情上，才是值得的。因为这是一个效能的象限，长期

的投入，就会开出蕴含时间芬芳的玫瑰。一味的忙碌或一味的无所事事都没办法在有限的时间里提升自己。

选择决定了人们对时间的感知和使用方向。只要你想做，就一定有办法在当下就找到时间！若是你容忍自己找借口推迟，就一定觉得时间不够用。不能让宝贵的时间惯性地、没有觉察地挥霍在不重要不紧急的琐事上。在高效能习惯践行的过程中，原则是最强有力的法宝。不打折扣、一丝不苟地执行某一条习惯，才能真正体会到它的威力所在。

双赢思维
平衡勇气与体谅

LEADERSHIP

  双赢思维是不断在所有人际关系中寻求互惠互利的一种思维和情感模式。双赢思维的基础在于有足够的资源供所有人使用。它强调的是双方的利益兼顾，而非非胜即败。一个人的成功并非要以牺牲他人为代价。

  若我们遇事缺乏积极主动性，因为怯懦心理、自私心理，缺乏双赢思维，不能在集体中较好地与他人交往、合作、解决问题，也就无法更好地认识自我、探索自我、接纳自我，从而无法成为自己的领导者。

  关于如何培养学生的双赢思维，我们通过直接教学，结合学生生活实际，运用多种教学方式，做了许多尝试，引导学生在理解概念的同时，将这样的双赢思维与处事方式带入到自己的生活中。

教学活动一： 我为你感到高兴

> **结合班级情境：** 班中有两位小男生，常常在老师表扬别的同学，或指出别人的问题时，发出不够善意的声音，或做出不恰当的举动。结合此问题在班级中进行"双赢思维"的直接教学。
>
> ① 观看视频（结合具体情境，模拟拍摄）
>
>   师：如果你是视频中的乐乐，听到自己被老师表扬的同时，却也听到来

自同学并不善意的话语，你的心情会怎样？老师的表扬只会给乐乐一个人么？视频中的淘淘从不会得到表扬吗？

生1：如果我是乐乐，我心里会很不开心，明明是我因为认真学习，自己付出了努力，才得到老师表扬的，可同学却朝我竖倒拇指，感觉像在嘲笑我一样。

生2：老师的表扬会给每一个小朋友的。我上课时坐姿很漂亮，和同桌课间帮助别的小朋友，老师都看到了，还给了我们积分卡呢。

生3：只要老师发现淘淘的优点，也会表扬淘淘的。淘淘这样对待乐乐，我想其实他自己心里也不开心的，他只是有点羡慕乐乐吧。

② **教师小结**

是啊，当我们为别人的进步、好事感到高兴、骄傲时，对方会感受到我们对他的关注，也会对自己的进步更开心；相反地，我们看不到别人的进步，甚至对别人遇到的好事说些风凉话，对方会非常难过的。其实，看到别人被夸赞，自己的心里有一点羡慕是非常正常的，但同时，我们也相信"他人所得并非我之所失"。我们自己的价值并非建立在与他人的比较上。我们自己也有许多优点，别人有再多的好表现也不会影响到我们自己。这样的心理就是富足的心态。不愿意别人得到夸赞或遇到好事，这样的心态就是匮乏的心态。

③ **请每一个学生结合生活实际，为班级中另一位成员写下"我为你感到高兴，因为……"的温馨祝福语。**

生1：子妤，我为你感到高兴，因为你在班级书写比赛中获得一等奖。

生2：思羽，我为你感到高兴，因为你在寒假中有了一个小妹妹，你能做姐姐了。

生3：乐涵，我为你感到高兴，因为老师夸奖你的发言越来越棒了。

设计意图

基于班级中出现的实际问题，层层递进，设计逐步推进的教学环节，从观看视频，引导学生基于同理心，站在别人角度思考问题，初步体会并理解富足心态与匮乏心态的区别，继而通过游戏写祝福语活动，引导学生尝试以富足的心态对待身边人，让学生明白成为领导者，不仅要让自己找到快乐，也要让别人找到快乐。如果对别人的喜事也感到高兴，就说明你在用富足的心态思考。如果你帮助他人，也是在用富足的心态思考。

教学活动二：用双赢思维解决问题

出示情境

课后，小组上交作业时，总有一个组员动作太慢，让小组长交不了作业，而与组员发生争吵。

活动过程

① 借助停步思考图，强化积极主动的意义，引导学生明白：在刺激与反应之间，我们有选择的空间，而不必一味地凭直觉反应。如果你感到心烦意乱，可以从1数到10先让自己平静下来，然后大胆说出你的想法，清楚表达自己的感受，接下来听听对方的想法。最后，寻找一个双赢的解决方案。

② 将学生按学习小组分配不同的问题，并给予充足的时间，开展小组讨论，制定问题解决方案。

小组讨论：先将一张A4纸折成一个四边形，每个成员在一个角上写下一个通过双赢方式解决此问题的办法，按照一定顺序，说说自己的想法，听听其他伙伴的想法，最后寻找一个双赢的解决方案。

③ 在课堂上展示自己小组的解决方案。

设计意图

双赢思维的基石在于既能忠于自己的感受、价值观和承诺,有勇气表达自己的想法,又能以豁达体谅的心态看待他人的想法及体验,相信世界有足够的发展资源和空间,人人都能共享。你不必吹灭别人的灯盏以让自己的灯显得更亮,也不必吹灭自己的灯而凸显出别人的光芒。通过学习,学生感受到生活中的确会存在许多难题,但我们可以运用双赢思维寻找解决方案。而作为一个小小领导者,更会努力寻找大家都满意的解决方案。

教学活动三:建立双赢协议

结合班级情境

疫情后回到学校,教室环境需要更加保持干净、卫生、整洁。尤其是在午餐前后。

活动过程

① 教师说明本次活动的目标:在午餐前后,让自己的桌面及座位附近更加干净、卫生、整洁。

② 集体讨论老师的"赢"及学生的"赢"。

③ 分成学生小组,讨论制定关于教室桌面消毒防疫的双赢协议。

④ 小组汇报讨论成果,全班讨论、修改和确定。

关于教室桌面消毒防疫的双赢协议:

老师的"赢"	我们的"赢"
学生桌面干净整洁卫生。	自己的桌面干净卫生,便于学习。
桌椅下没有垃圾。	锻炼自己的生活能力。
每位同学都具有劳动能力,养成了劳动习惯。	符合要求能得到积分卡。

我们的协议:

*每天午餐前,自己先清空桌面,用消毒湿纸巾消毒课桌。

*每天午餐后,先排队有序还餐盘,再回教室,再用消毒湿纸巾对桌面二次消毒。

*先扔掉用过的消毒湿纸巾及桌椅下的所有垃圾后,再午间休息。

*经过组长检查,符合要求的同学则得到积分卡。

设计意图

通过制定双赢协议，孩子们对班级有了更多归属感和责任感，更加深刻地体会到，在班级中，我们每一个人都是相互依存、相互依靠的，每个人都会使我们的班级更加强大。我们相互连接，就可以大有作为，团结起来，就可以做更多的事。而当大家需要共同完成一件事时，通过双赢协议的建议，可以更加切实地平衡勇气与体谅，就能制定出令大家都满意的解决方案。

双赢思维是一种关于互惠互利的习惯，更是一种表示我可以获胜、你也可以成功的精神力量与人生哲学。双赢，并非光是我高兴，也不是只有你高兴，而是我们两个都开心。这样的想法是与他人和睦相处的根本，在人际关系中，双赢是唯一现实的选择。

双赢是人际关系的黄金法则，"己所不欲勿施于人"。这一黄金法则也是人生的基本准则。而进行这一习惯的直接教学，引导学生掌握这一准则，也就是让这一心智模式逐渐去影响每个孩子的行为方式，从而让他们学会信赖自己，信赖他人，与周围世界建立良好的关系，成为自己的领导者。

知彼解己
传递爱的原则

LEADERSHIP

"知彼解己"是一个关于同理心沟通的习惯。史蒂芬·柯维博士指出:"除了生理需求,人类最大的需求就是心理需求——得到理解、肯定、认可和欣赏。"因此,"知彼解己"是建立在尊重、理解、同理心和勇气的效能原则的基础上的。

在惯常的思维中,人们常常会认为"我需要确保别人了解我的观点",对应的惯常行为也就成了"为了回应而倾听,要么不说,要么一张口就得罪人"。而在高效能思维中,人们会转变思维,"如果我先真正理解他人,我就更能影响他们",这种思维不仅仅有效而且充满了智慧。思维决定行为,"知彼解己"的高效能行为是运用同理心倾听,并以尊重的态度寻求他人理解。这里的听和说是有先后顺序的,那就是,首先以体谅的心理解对方、倾听对方,然后再自信地表达自己,寻求对方理解自己。这个强大的领导力习惯可以减少误解,促进互信,建立良好的交往、沟通关系。

如何在直接教学中向孩子们教授"知彼解己"的原则和关键概念,如何让孩子们有兴趣地参与教学过程,引导他们理解概念并能应用于现实生活和真实情况中?我们尝试在教学中结合孩子们的实际生活情境、结合多样化的教学方式引导孩子用耳倾听,用眼观察,用心感受,以理解"知彼解己"的习惯内核,并促进他们将其有效融入高效能实践中。

教学活动一： 用知彼解己解决问题

游戏目的

引导孩子发现倾听的重要性，"知彼"思维提醒我们为了真正的倾听，需要仔细留意说话者的表达内容。

课前准备

纸杯

曲别针

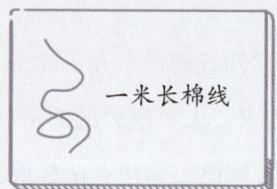
一米长棉线

游戏过程

① 教师指导学生在纸杯杯底中心穿好小孔，将棉线的一端从杯底穿过去，将棉线系到纸杯内的曲别针上，以固定棉线。

② 两位学生手拿纸杯，向两边慢慢分开，直到纸杯间的棉线笔直拉紧。说话者对着自己的纸杯说话，倾听者将纸杯放到耳朵上仔细聆听，两人轮流说话和倾听。

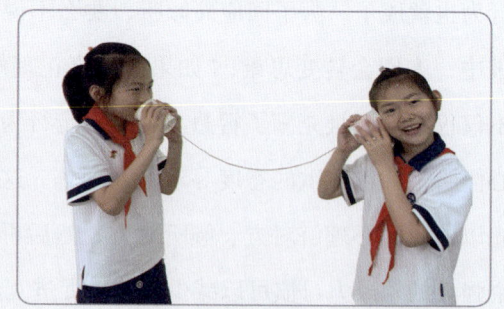

③ 讨论：讨论影响学生听清彼此声音的因素，发现当以了解为目的时，我们的倾听需要集中于一件事——说话的人，且每次只能有一个人说话，不随意打断或干扰。

设计意图

基于小学生学情,设计了有趣的游戏教学活动。通过此游戏实践,学生能意识到倾听的重要性,且这种倾听并非以回应为目的,而是为了真正的了解,即是"知彼解己"中为了理解而倾听的动机。基于此,教师可顺势引导学生理解"知彼解己"的同理心沟通,掌握同理心沟通技巧。

教学活动二:"心贴心"感受,体验同理心沟通技巧

出示情境

去年10月,可可同学准备参加奥数竞赛,可可妈妈为了鼓励他,答应他要是能拿奖,就带他去迪士尼乐园玩。后来,他真拿了二等奖,不料临出发前疫情爆发,迪士尼公园宣布暂时关闭,出行计划只能无限期延后,于是他躲在房间里哭,不吃也不喝,爸爸妈妈只能轮番上阵安慰。

师:同学们,如果你是可可,相信此时你也一定有同样的感受:失望、难过,甚至有些生气。或许爸爸妈妈也会给你讲很多道理,或者用各种方式安慰你,来看看下面两种安慰,你更能接受哪一种呢?为什么?

第一种方式

爸爸:都多大了还老哭鼻子,不是不带你去,只是情况不允许,什么时候去不是去啊?

妈妈:现在疫情这么严重,就算迪士尼公园营业,这个时候去也可能被感染啊,冒着这么大风险,谁敢去?去不了上海,在家附近找个地方玩玩就好啦。

第二种方式

爸爸：儿子，盼了这么久的旅行却不能按计划出行，我猜你现在特别失望，是吧？爸爸看到你这么难过，心里也酸酸的，你早上到现在还没吃饭，我也很心疼……

妈妈：可可，为了这次迪士尼的游玩，妈妈知道你一直在为竞赛获奖努力，现在突然不能去，确实很难过，妈妈能理解。

生1：我喜欢爸爸妈妈的第二种安慰方式，这样说让我觉得爸爸妈妈很关心我，他们能理解我心里的委屈和失落，好像替我分担了心中的难过，我也感觉好受了一些。

生2：我要是可可，一定希望爸爸妈妈用第二种方式安慰我。第一种方式中他们说的道理我都明白，可是当我难过的时候，我并不希望大人一直跟我讲道理。爸爸妈妈是我最亲近的人，多希望他们能明白我们小孩子心里真正的所思所想呀！

教师总结：是的，相信大部分同学都更接受第二种安慰方式。聪明的你也发现了，在第二种沟通方式中，爸爸妈妈作为倾听者，他们站在了表达者可可的角度，设身处地地理解可可的心理感受，并表达出他们的理解和认同，而不是只站在大人的角度对可可进行指责和一味地讲道理。如果你是可可，相信爸爸妈妈这样的安慰方式会让你心里舒服很多，也会让你感受到自己被爸爸妈妈关心、理解、尊重，对吗？这种和别人心贴心感受的方式，其实正是"知彼解己"中的同理心沟通技巧。有时候，彼此有了接纳和理解，情绪就得到了一个出口，爱就开始流动了，很多问题也就迎刃而解了。

铺垫过渡

作为孩子，当生活中出现不愉快时，我们期待别人用这样的同理心沟通方式与我们交流，理解、尊重我们内心的感受。那么同样的，当身边的人心情不好时,你能否试着用同理心技巧设身处地地去倾听,并向他们表达出理解呢?如果遇到下面的情境,你会怎么运用同理心,心贴心和对方进行沟通或表达安慰呢?

情境一:

早上都是奶奶叫我起床的,今天她睡过头了,害我上学迟到,还被老师批评了。

情境二:

今天的英语课可真无聊,我觉得我昨晚看的动画片可比英语课有趣多了。

情境三:

我们小组的小丁同学数学课不专心,害得我们小组被扣分了,太气人了。

设计意图

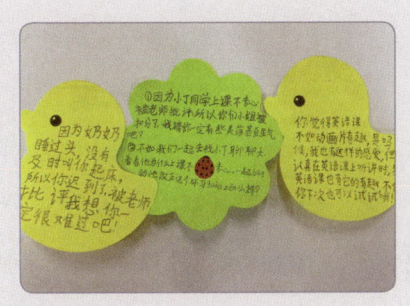

结合小学生日常生活、学习中可能遇到的情况,设计了情境思考活动。实际上这个教学活动本身也在运用同理心沟通技巧,让孩子们感受到自己的日常生活、个人烦恼也被老师关心着,将它们作为教学资源更容易唤起孩子们的共鸣。通过可可爸妈两种不同的安慰方式对比,孩子们能感受到心贴心同理心沟通技巧的魅力所在,顺势连结学生实际生活情景,引导他们思考后面三种情境如何用同理心技巧进行"知彼解己"。

"知彼解己"这个习惯的直接教学,旨在让学生学会站在对方的立场,运用同理心倾听,以尊重的态度寻求他人的理解,学会用耳倾听,用眼观察,用心感受。教师引导学生进行思考,而非提供标准答案,同时激发学生投入学习,结合实际生活情境,由概念认知到原则理解再到实际生活的应用。

统合综效
从过程寻找结果

LEADERSHIP

统合综效是一个关于创造性合作的习惯，是人类所有活动中最高级的一种，是对所有其他习惯的真正考验和集中体现。

自然界中到处都有统合综效的影子。比如：两棵植物如果生长的距离近，它们的根会缠绕在一起，土壤质量就会提高，两棵植物都会比各自生长更加茁壮。为什么会这样呢？这就是史蒂芬·柯维博士提出的统合综效原则告诉我们的。

一、珍视差异：多样性让团队变得更强大

实现统合综效的核心实践之一就是珍视差异。孔子说"小人同而不和，君子和而不同"，他在告诉我们每个人都是独一无二的，彼此可以在保留差异性的同时合作共赢。为了让团队能够高效合作，团队中的所有成员都必须尊重彼此的优势、才能、观点。只有专注于团队成员的长处，才会使团队更加强大。因此，我们要珍视差异，建立团队优势。

教导孩子们统合综效的最佳方式，就是结合孩子们真实的差异性。这里分享一个教师授课的案例。

师：同学们，今天我们来讨论一个关于我们自己的话题——了解自己。我们已经是高年级的孩子了，你们能说一说在这几年的学习中，你发现了自己

有哪些优点吗？

生1：我觉得我的书写很认真。

生2：我觉得我是一个很乐观的人。

生3：我觉得我能够把老师交给我的每件事认真完成。

……

师：同学们说得真好！是的，我们每个人都有自己擅长的优势。那么，请大家想一想：如果我们把所有人的优势都利用起来，共同解决问题，结果会怎样？

生：（齐声回答）完美！

师：哈哈，哪怕不一定完美，也一定会更加顺利！

生：至少比一个人做起来容易多了！

师：说得对！所以，在面对问题的时候，明确自己的优势是多么重要！接下来，我们就要发挥每个人的优势，共同完成一个任务。

生：（迫不及待）老师，是什么任务啊？

师：过几天就是咱们的小领导日活动了，请同学们根据自己的优势，讨论安排活动的岗位和活动流程，用文字或图片的形式呈现出来吧！

领导力属于每个人，每个人都能成为自己或他人的领导者。因此，教师发挥学生的潜能，开发领导岗位，促使学生在活动中发现自我，真正成为领导者。天地老师通过先引导学生发现自己的优势，再来解决活动中的问题，就水到渠成了。这就是柯维博士在"统合综效"习惯中体现出的"优势互补"。

二、团队合作：让一加一大于或等于三

合作是一种能力。如果团队中的每一个成员都能发挥自身才能，为团队做贡献，那么合作就会取得良好的效果。讲故事，做游戏，可以让学生在故事中感悟，在游戏中体验，这正是天地教师最擅长的教学方式。

案例一：学会合作

活动目的：让学生体验团队合作的重要性。

师：同学们，我们先来欣赏一个故事片段，这个故事的名字叫《三个和尚》。

师：这个经典的故事给我们留下了无尽的思考，同学们想一想：为什么人多了，反而没有水吃了呢？

生1：因为他们都偷懒。

生2：因为他们想把责任推到其他人身上。

师：是的，俗话说"众人团结紧，百事能成功"。可见，合作是非常重要的！接下来，我们来玩一个小游戏。

师：同学们，看我手中有一根牙签，你能把它折断吗？两根呢？十根呢？

生3：人多力量大！

师：说得真好！"万众一心，其利断金"，所以，合作的力量是强大的。

师：同学们，在我们生活中很多地方需要合作，比如篮球赛、排球赛、接力赛，都需要合作。但是请同学们

思考：如果是实力相当的两个篮球队，怎样才能赢得比赛呢？

生4：老师，我觉得还要看队员的合作，我们打篮球的时候，教练会根据我们的优势安排位置。还有，队员之前的默契度需要经常训练。

师：是的，一听就知道是一个有经验的篮球队员。这说明了什么呢？

生5：说明合作也要重视方法和队员的配合。

师：所以，合作往往能够让可能变为能，而高效的合作能够创造更理想的结果。

"人心齐，泰山移"，"众人拾柴火焰高"，在参与了游戏的体验之后，学生能够真切地意识到合作的重要性。而且，合作不是简单的在一起完成，而是要注意发挥每个人的作用，共同找出合作的方法，加强组员的配合，实现合作效率的最大化。

可见，统合综效的习惯"能够创造远胜于过去的新现实"。只有当学生感觉由衷且有意义地参与到团队之中，才会认同最佳的合作就在于众人智慧的集合，从而让每一个人都能够真正实现自我，自尊自强，有机会完成从依赖到独立，再到相互依赖的成熟过程。

案例二：学校大队委选举活动

活动目的：通过团队合作，展示学生的"自我领导力"。

活动过程：1. 大队委自由组建小组

2. 阅读活动选题并进行选择

3. 小组讨论，提出并确定方案（借助领导力工具）

4. 成果汇报，确定汇报人

天地大队委选举的过程，正是学生运用统合综效原则解决问题的实际体现，也是"自我领导力"的展示。面对不同的选题，大队委们合作讨论，集思广益，借助脑力激荡图、统合综效图等领导力工具，从组建小组到成果汇报，发挥各自的优势，最终实现了创造性的"共赢"结果，充分地展现了统合综效在团队合作中的最高表现形式。

三、知彼解己：寻求第三种方案

在面对实际问题时，我们的惯常思维方式是希望对方顺从自己，把自己的意愿强加在对方身上，而这样是不利于解决问题的。其实，当这种情况发生时，如果我们能够按下暂停键，耐心聆听对方的想法，审视对方的意见，问题会容易解决得多。

统合综效原则倡导，遇到难以解决的问题时，我们应该在珍视差异的思维基础上，寻找一种既不是你的，也不是我的，但是却更好的办法，即所谓"第三种方案"。其实在生活中，无论学习还是工作，都会遇到各种各样的问题，往往"第三种方案"的思维是一种有效方法。

案例

小李是一个比较乖巧的学生，但是随着年龄的增长，自己的主观性越来越强，在学习、交友和生活上，常常与父母意见不一致，从而产生矛盾，发生冲撞父母或者被父母批评甚至打骂的情况。

| 小李 | 我已经是一个大孩子了，我能自己做决定了，为什么不同意我自己的选择？ | 不管你多大，你都是我们的孩子。在你完全独立之前，你的决定必须经过我们的同意。 | 父母 |

师：同学们，你们有没有碰到过类似的事情呢？

生：（异口同声）有！

师：看来不少同学都有这样的经历，谁能跟我们分享一下吗？

生1：这个周末，我妈妈又打了我一顿。因为兴趣班都恢复了，她给我报了好几个兴趣班，我不想去上。但是她不听，我就哭闹，所以就打了我。

生2：上周末我也跟我妈闹矛盾了，因为我和同学约好了周五放学到家里玩，但是我爸爸妈妈拒绝了，我很生气，就跟妈妈吵了一架。

师：感谢两位同学的分享。我想，可能还有很多同学也遇到过类似的问题。请同学们想一想：如果你遇到这样的情况时，你会怎么认为呢？

观点一：

我们认为父母应该理解我们的想法。去跟父母说明情况，虽然我们还是孩子，但是我们已经学习了很多知识，见识了不少现象，许多事情我们可以自己决定了。比如兴趣班，交朋友，近距离出游等，父母应该放手。

观点二：

我们认为父母这样做的目的是为了我们的安全考虑。虽然我们已经十多岁了，但是毕竟还是孩子。在很多事情的判断上，我们还不够成熟。需要倾听父母的意见，在他们的指导下做决定。

师：同学们说得很对，其实正是因为双方都很生气，所以才让矛盾激化。同学们已经是大孩子了，有了很多自己的想法。其实，爸爸妈妈们何尝不是也有他们的想法呢？

生：那我们有我们的想法，他们有他们的想法，该怎么办呢？

师：这个问题真好！那么，老师问问你，你真正明白爸爸妈妈的想法吗？

生：那他们也不明白我们的想法啊！

师：对了，这就是问题的关键所在。这个时候，不管是爸爸妈妈，还是你们，都应该冷静下来，聆听彼此，再做决定。家庭会议，就是一种很好的选择！

第三种方案：

定期召开家庭会议。一家人坐下来，心平气和地倾听彼此的想法，运用同理心，尝试站在对方的角度思考。试着理解彼此，再做决定。

其实，发生矛盾的根本原因是意见不一致，每个人都想实现自己的意愿，当意愿不同时，矛盾便产生了。基于此，天地教师在结合学生实际生活的前提下，引导学生停下脚步，聆听彼此，尝试换位思考，运用同理心与父母沟通，进而寻求解决问题的最佳方案。这便是对"知彼解己定方案"的最好实践。

柯维博士说，"个性是一种天赋"，"如果两个人的观点完全一致，那么其中一个人就显得多余了"。因此，不管是家庭教育还是班级管理，我们应该尊重每个孩子的个性差异，发挥优势，取长补短，才能让孩子朝着更加积极的方向发展。

总之，统合综效就像一首交响乐，结合了所有美妙的乐声。所有人都在贡献力量，而不是一味相互竞争。每种乐器都有不同的音色，演奏不同的旋律，在不同的时间抑扬顿挫，但它们融合起来就会碰撞出新的火花。

不断更新
和谐身心脑灵

LEADERSHIP

我们顺着这棵庞大又扎实的习惯树，逐渐成长、壮大，直到我们越来越接近太阳。阳光雨露的恩泽，让孩子们倍感自身力量的强大，"七个习惯"让他们拥有更充沛的养分向下扎根、向上生长。在习惯七"不断更新"的要义中，我们教导学生将"七个习惯"融入每日的言行，每日实现个人的成功，克服障碍和挫折，从生理、心智、情感、心灵上让自己不断改善和平衡，最终达到全身心的更新。以下的四个小故事，我们常常在课堂上读给孩子们听，请他们说说自己的感悟。

故事一

珍妮是个总爱低着头的小女孩，她一直觉得自己长得不够漂亮。

有一天，她到饰品店去买了只绿色蝴蝶结，店主不断赞美她戴上蝴蝶结挺漂亮，珍妮虽不信，但是挺高兴，不由昂起了头，急于让大家看看，出门与人撞了一下都没在意。

珍妮走进教室，迎面碰上了她的老师。"珍妮，你扬起头来真美！"老师爱抚地拍拍她的肩说。

那一天，她得到了许多人的赞美。她想一定是蝴蝶结的功劳，可往镜前一照，头上根本就没有蝴蝶结，一定是出饰品店时与人一碰弄丢了。自信原本就是一种美丽，而很多人却因为太在意外表而失去很多快乐。

感悟： 无论是贫穷还是富有，无论是貌若天仙，还是相貌平平，只要你昂起头来，快乐会使你变得可爱。

故事二

两只老虎，一只在笼子里，一只在荒野中。

两只老虎都认为自己所处的环境不好，互相羡慕对方。它们决定交换身份，开始十分快乐，但不久，两只老虎都死了：一只饥饿而死，一只忧郁而死。

感悟： 人们总是容易对自己的幸福熟视无睹，喜欢把眼睛看向别人的幸福。其实，你所拥有的正是别人所羡慕的。

故事三

父亲丢了块表，他抱怨着四处翻找，可半天也找不到。等他出去了，儿子悄悄进屋，不一会儿找到了表。

父亲问：怎么找到的？

儿子说：我就安静地坐着，一会儿就听到滴答滴答的声音，表就找到了。

感悟： 我们越是焦躁地寻找，越找不到自己想要的，只有平静下来，才能听到内心的声音。

故事四

有个太太多年来不断抱怨对面的太太很懒惰："那个女人的衣服永远洗不干净，看，她晾在院子里的衣服，总是有斑点，我真的不知道，她怎么连洗衣服都洗成那个样子……"

直到有一天，有个善于观察的朋友到她家，才发现并不是对面的太太衣服洗不干净。细心的朋友拿了一块抹布，把这个太太窗户上的灰渍抹掉，说："看，这不就干净了吗？"

原来，是自己家的窗户脏了。

感悟： 一个人发现别人的错误比发现自己的错误更容易，错怪别人也比检讨自己简单。只有擦去了自己心灵这扇窗子上的"灰尘"，才能更客观、更准确地看待外部世界，而不至于因自己不够心明眼亮而使认知扭曲。

这是四个启迪心灵的小故事，故事中的情节都是浅显易懂的。通过这四个故事，我们希望教给孩子自信乐观、关注自己的幸福、活在自己的影响圈里，不要焦躁，平静下来倾听自己的内心并更加宽容、客观地看待世界。

在品味了几个小故事后，我们再通过以下的活动进一步进行心灵的瑜伽。不断更新是关于自我更新的习惯。它是基于更新、不断完善和平衡的效能原则。不断更新告诉我们进行日常自我更新的必要性。我们会将不断更新细分为更新身体、更新情感、更新头脑和更新心灵，并进行具体的阐释和体验。

在教给孩子"更新心灵"时，孩子们要理解到"更新心灵"会影响我们全天的效能。我们的活动主题是"让心灵沐浴阳光"。学习这一课，学生将了解：

☑ 更新心灵意味着做一些对自己有意义的事情。

☑ 更新心灵能让生活变得更美好。

☑ 更新心灵的方式。

案例活动

你认为"更新心灵"是什么意思？（留些时间让学生作答）

出示卡片：每天做一些有意义的事情，给别人带去美好改变，这就是更新心灵。

热身活动一：心灵自测

你每天会做几次更新心灵的事情？从1到5给自己打分，1代表"从不"，5代表"总是"。如果这件事你只是偶尔才做，那么根据具体频率，在2、3、4下面画★。（留些时间完成此项活动）

1=从不					5=总是
自测选项	1	2	3	4	5
阅读我的个人使命宣言					
读自己喜欢的书					
设立目标					
帮助他人					
帮助家里的人					
花时间去户外活动					

活动记录

学生根据自己的实际情况，在表格中相应的数字栏下画★完成活动单。学生分享并分析自己可以在哪些方面得到更新。

热身活动二：反思自己每天做的事

根据上面的心灵自测表，我们看到大多数孩子在帮助他人和帮助家里人方面得分比较低。于是老师顺势引导，让学生回顾自己每天做的事。在左栏"加号"列，写下你做了哪些有意义的事或帮助他人的事。在右栏"三角形"列写下你在做有意义的事或者是帮助别人的事时，遇到了哪些障碍。

✚	▲
有意义的事	遇到的阻碍
例如：我帮妈妈给生病的邻居送饭。	例如：我的作业太多，没办法帮助别人。

学生纷纷用笔记录属于自己的加号和三角形，交流分享之后老师选取了其中一位同学的记录单，如下所示。

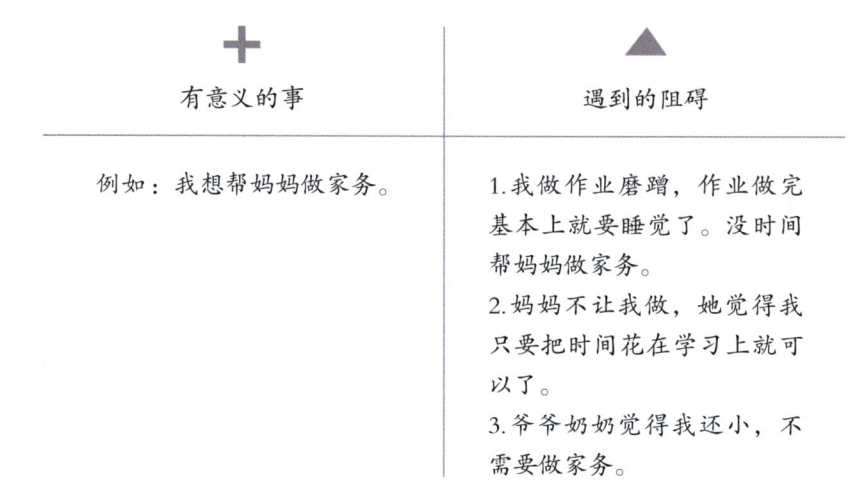

　　这位学生更新心灵的方式是帮助家里的人，他分析自己的目标以及实现目标所遇到的障碍，于是从右栏三角形列中选出一项，制定本周的改正计划。

　　1. 首先完成今日的大石头事项即作业，空出富裕时间以后可以说服妈妈让自己加入家务清理活动。

　　2. 一开始可以从简单的扫地擦桌子开始，让爷爷奶奶看到我可以做力所能及的事。

　　家庭拓展：我们在课堂上讨论的"更新心灵"的方法有很多，那么你能做些什么来帮助他人呢？和父母一起讨论讨论吧！（记录在本周作业讨论单上）

设计意图

史蒂芬·柯维说,"你在每日个人成功上投入的时间会影响你的每个决定、每段关系,并将显著地改善一天中其他时间的品质和效能。"长久坚持下去,做有意义的事或帮助他人,能让一整天都更加专注,更有动力。同时我们还有责任伙伴相互监督,一周后,与责任伙伴面对面交流,相互督促进步情况。这对孩子们来说是一笔巨大的财富。

拓展单: 你能做些什么来帮助他人呢?和父母一起讨论讨论吧!

领导力笔记本
记录成长足迹

LEADERSHIP

"自我领导力"教育的使命是释放每个孩子内在的卓越潜能，培养既能领导自己，释放自己的生命价值，又善于合作，能够释放他人的生命价值和潜能的小小领导者。

领导力笔记本是一种个性化的工具，用来强化学生对学习的自主性，加强反思能力和提升个人成长。领导力笔记本能够及时记录学生成长中的点滴变化与领导力发展轨迹的动态过程。建立个性化的领导力笔记本能够激励学生在成长的历程中拥有愿景并充满自信，提高自我管理和领导能力。同时，也能够转变家长的传统教育观念，创造和谐的家庭氛围。领导力笔记本就像一位朋友，陪伴并见证着学生领导力的生根、发芽和成长，帮助孩子实现从个人成功到团队成功。

一、了解"领导力笔记本"

1. 领导力笔记本的内涵

学生在成长的过程中，"自我领导力"培养贯穿了全程。每个学生都有一本领导力笔记本，将其学习体验、生活感悟的各个环节融入其中。领导力笔记本是个性化的工具，用来收藏个人学习的过程记录、反思和个人成长。通过自己设定和追踪个人和学业目标，追踪数据，学生充分掌控自己的学习，发展出领导力；学生对个人的优点和可改进的地方进行反思，并在过程中应用这些信息来修正新的目标和方向；这促使学生学习由老师主导转变成学生主导，帮助学生加强自我管理意识，发掘自己的长期成长潜力，建立自信心。

2. 领导力笔记本的设计制作

首先，每位学生准备一本活页夹，保持干净整洁，经常并持续地使用该笔记本。其次，领导力笔记本中的内容应该完全由孩子自己设计与添加。例如笔记本封面的设计，学生根据个人喜好给自己的领导力笔记本起个名字。每一单元的封面设计需要自主绘制，其他部分可以有插图和贴纸等等。单元内空白页根据单元主题进行文档的存放，可以从各个角色、各个方面进行填充和更新，还可以插入各学科的学习资料单等。最后，在班级固定的区域保管及展示，师生可以通过设置领导力角色，对其进行有序管理。

3. 领导力笔记本的内容

促进身、心、脑、灵全面成长的自我管理工具——领导力笔记本，包括自我关系、人生志向、目标和使命、学业管理、人格修养管理、反省日记、人生成就等多个方面。具体单元有：我自己、我的关键目标、我的学习、我的家庭学习、我的领导力以及我的庆祝。学生们都有自己明确的自我定位，并通过领导力笔记本跟踪记录，推动领导力在自己身、心、脑、灵四个方面的不断成长。

二、教师赋能授权，学生自我领导

领导力笔记本的设计制作是一个缓慢而渐进的过程，它是孩子学习践行"七个习惯"的心路历程的真实记录，也是孩子初步认知自己、接纳自己、肯定自己、实现自己的过程证明。

在领导力笔记本的制作中，教师只是引导，教授大家如何使用和保存笔记本。教师通过领导力课程的直接教学和融入教学为学生树立榜样，让学生自主管理自己的领导力笔记本，挖掘自己的各种潜能，提升个人领导力。

1. "我自己"单元：创建自我角色，明确重要目标

领导力笔记本的第一单元，就是"我自己"。这是学生通过介绍自己而进行的自我认知。学生可以通过记录自己的想法和兴趣，深入了解自己，并不断完善更新自己。学生通过列举自己的优点和特长，创建个人的自我角色。这一单元还可以反思自己的不足以及需要努力的地方，在学习或者生活上建立未来的愿景，进而提炼出个人使命宣言，如：作为女儿，我应当……作为一名小学生，我应该努力做到……在做出所有重要决策的时候，记得回顾这里，并且定期进行反思。

2. 践行使命宣言，学会自我负责

"以终为始"是"七个习惯"的第二个习惯，也有人称之为"七个习惯"之魂。以终为始要求我们行动之前先定目标，这是培养对自己和他人建立明确期望的能力的核心。因此在领导力笔记本中，学生需要插入自己当前阶段的关键目标。这其中可以利用完成学业目标的管理工具——4DX执行四原则，使学生能够更有效地设定具体而又明确的目标，明确目标实施的起始时间，合理安排生活和学习中的"大石头"和"小石头"。通过记分板和追踪表自我管理，以打卡的形式，养成自学与自律的习惯，提高自我管理的能力。最后还通过建立定期责任汇报机制，向责任伙伴分享打卡成果，约定完成目

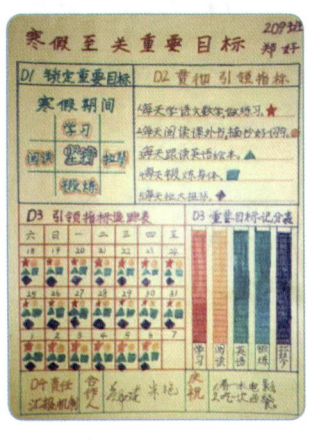

标的庆祝时间和方式，激励自己坚定目标、达成目标。

3. 不断更新自我，提升领导能力

不断更新能够使我们保持"敏锐"，这样可以把每件事情做好。"我的学习"单元可以插入各学科的学习单以及学习成果资料。它既包括学校学习也包括课外学习，既有生理、心智的学习，又有情感、心灵的学习。"我的领导力"单元主要通过记录领导力日、运动会、音乐会、研学、社区服务等等，帮助学生克服障碍，实现个人的成功。教师和家长应该创造一切可能的机会让孩子学会承担责任和进行实践，在实践中养成独立自主的能力，为学生在学校、家庭、社区中创造领导力角色，参与领导力活动，在实践中培养领导力，养成实实在在的能力。

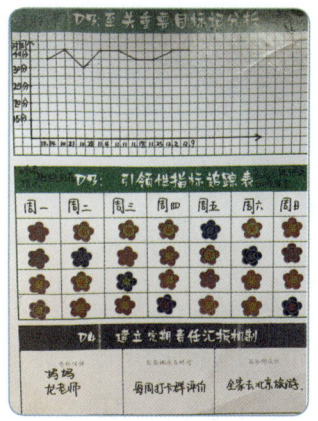

三、家庭教育助力，习惯浸润生活

没有什么比家校关系更容易影响学生的学习。家长和老师有共同的使命，就是让孩子们成才，所以"自我领导力"教育主张家校协同，共同做好教育。

1. 家庭教授"七个习惯"，让孩子在实践中成长

家长通过"七个习惯"的网络学习以及灯塔家长的引领，不断汲取"自我领导力"的营养，树立身、心、脑、灵全面发展的全人教育观，放弃以学业为单一目标的片面思维，形成培养孩子潜能和创造力的新思维。同时，家长还可以通过"领导力课程"的家庭作业，与孩子共同讨论每个习惯的内涵，帮助孩子及时修正和强化自己的行为，释放孩子的生命潜能，培养孩子独立自主和善于合作的品格。此外，家长也要提供给孩子尽可能多的从事领导力实践的机会，让孩子在家承担责任，关心社会公益事业，参加寒暑假的研学活动，发展领导力。

2. 参与领导力笔记本的制作，亲子共同练习运用领导力工具

家庭学习是领导力笔记本的一项重要内容。它是爸爸妈妈和孩子共同完成的模

块。明确每位家庭成员的分工和角色,共同制定属于自己的家庭使命宣言,不仅能够增强孩子的家庭责任感,还能营造和谐的家庭氛围。阶段性举行家庭会议,可以解决相互之间的理解偏差,促进家庭成员关系更加亲密,为共同营造积极向上的优秀家庭而努力。定期的亲子一对一沟通等记录,都可以存放在家庭学习的收纳区,是家庭领导力的成长记录。

领导力笔记本和孩子们一样随着阅历的丰富持续累积、不断更新,它记载着每个孩子成长的足迹,凝聚着每个家庭的希望,见证着每一次进步的欢愉,珍藏着领导力不断生长的印记。时光静好,花开有声。

习惯树
传达激励人心的讯息

在一个崭新的学期伊始，第一颗"七个习惯"树的种子落进了我们的校园，在教学楼一楼的宣传窗前生根发芽。在熟悉又陌生的走廊上，每个路过习惯树的孩子都会停下脚步，对这个陌生的朋友探头探脑、议论纷纷，那是他们与"七个习惯"的第一次会面。

紧接着，又一棵习惯树从孩子们最喜爱的小土坡上"破土而出"。它是一幅巨大的墙绘——积极主动、以终为始、要事第一作为根基在树根处，双赢思维、知彼解己、统合综效由树干至枝叶生长，不断更新是提供滋养的阳光雨露。

选择这面墙的原因有两个：一是希望它可以在天地的小土坡上"自由生长"，就像天地的办学理念"一切为了孩子的自由生长"；二是为了让每一位进入天地的学生、家长以及教职工们都能从习惯树上汲取养分，与习惯树一起见证自我与天地的成长。

渐渐地，"七个习惯"树深入到孩子们的班级生活当中。教室里纷纷长出了具有班级特色的习惯树,这在无形中强化了"七个习惯"和领导力原则。习惯树不仅生长在校园的各个角落,还长进了每个孩子的心中,更加贴近他们的实际生活。

班主任老师们发布制作班级"七个习惯"树的任务,并授权学生将大任务分化成小任务。孩子们聚在一起思考、讨论,每个小任务都有小小负责人。他们认真写下计划,画出流程图,再将想象中的"七个习惯"树变成现实,共同成长。

接下来的这棵习惯树,对我而言比较特别,因为它是孩子们和美术吴老师共同完成的。吴老师把它放在自己的专业教室中,每一节美术课孩子们都能看到他们亲手制作的习惯树。从前期设想到后期制作,孩子们总能为吴老师带来惊喜。

在美术课上,老师将水油分离的绘画技巧传授给他们,孩子们则选择能代表自己性格的叶子和色彩,创作出代表自己的树叶。有的孩子选择热情的红色,有的选择沉着的蓝色,有的将色彩混合代表多元的自己。将孩子们的树叶收集,一起动手

贴到树枝上。粗壮的树干伸展枝芽,每一片叶子都是那么独一无二,一棵树就代表一个班集体。

随后,孩子们一起布置了一场小画展。从讨论投票形式,到策划小型展览,孩子们都向着同一个目标努力——选出心中最美的那棵树,将它布置在美术教室中。对此,他们很慎重,因为有所经历,所以他们知道每一棵树背后都是一整个班级的努力。不仅如此,他们慷慨地将内心的赞赏写在纸上,作为选票送给那个幸运的班级。贴满选票的展

板送回各个班里,他们读着大家写下的鼓励与赞美,像是收到了一份珍贵的礼物。

这学期,孩子们对"七个习惯"渐渐有了些自己的理解。他们运用学习过的艺术字设计,选择一个自己感触最深的习惯,在其中融入自己的理解。即使是同一个习惯,孩子们也会有不同的想法,而这些创意源于他们对生活实践的积极总结。一个孩子拿着她的作品和老师娓娓道来:"我觉得不断更新是一个很长很长的过程,是一个一直都要坚持的好习惯,所以我装饰了闹钟代表时间,花朵代表美好。"透过他们的画笔,能看到"七个习惯"内化在他们心中后的模样。

其实,"七个习惯"树就在孩子们心中,而老师只是一个倡议者、协助者,孩子们才是真正的组织者、创作者,更是自我的领导者。"人人参与"增强了孩子们的归属感、满意度,而老师从孩子们身上收获了惊喜,习惯树将孩子们和老师以及美术教室联结在一起,在天地间自由生长……

源于使命
让知行之间有个协议

LEADERSHIP

发现："观—为—得"的思考

2020年新冠肺炎疫情期间，随着网课的持续，有家长反映，自己白天要上班，可孩子在家要上网课，所以只能把手机或iPad留给孩子，把电脑锁屏密码告诉孩子。有一些孩子就不自觉了，一下课就手痒痒，开始玩游戏，甚至还有偷偷组群打网游的冲动之举，这着实让家长感到无奈和担忧。

"七个习惯"告诉我们：我们工作和人生收获的一切结果（得），取决于我们的行为（为），而我们的行为取决于我们的思维模式（观）。思维模式如同种子，是深藏在我们行为背后的原因，正所谓"种瓜得瓜，种豆得豆"。赵老师得知此事后，立即通知全班同学召开"云班会"，上了一堂特别的课。

感受：生活情境中的使命

晚上8:00，501班的孩子们都如约进入了赵老师的对话课堂：

> 孩子们，你们有没有听过一个故事：一个凿石匠，在一块石头上恐怕已敲过一百下了，却依然看不出石头有什么改变。就在凿第一百零一下的时候，石头突然裂成两半。其实，这并不完全是第一百零一下的功劳，而是加上前面一百下的结果。这个故事告诉我们，许多努力不是一下子可以看到成果的，需要的是耐心和坚忍。新型冠状病毒疫情，让我们暂时无法回校上课，只能在家上网课。三个星期过去了，很多爸爸妈妈都已复工，有些同学坚持不住了：

沉溺网聊、打游戏，这些就像病毒一样侵蚀着同学们的心灵，赵老师感到很担忧……

我们是"七个习惯"的践行者，新型冠状病毒很可怕，但如果人类自身免疫系统强大，它也近不了我们的身，即便被感染也是可以治愈的。反之，将会危及生命。但沉溺网络游戏就像无形的病毒，它不仅会让你成为近视，还会让你一天一天消沉，失去斗志，再也无心做其他有益的事情，再也无法欣赏身边的美好，这是多么可怕的事情啊！所以自身强大的免疫系统，才是对抗病毒的根本！

我们还有很多事可以做——练练字、画画儿，学学烧菜做饭，学做一些小点心，帮爸爸妈妈做些家务，每天锻炼身体等等，这些可以让你成为一个健康的人，远比打网游有益、有趣多了。

都说卓越的人有三条命，即性命、生命和使命。性命、生命和使命分别代表着生存、生活和责任！忠厚勤奋，好学肯干，谦和自律，礼行天下。

孩子们，老师希望在这个"战疫"的特殊时期，我们一起重新审视自己，写下自己的使命宣言，增强自身的免疫力，抗击网游病毒，不断鞭策自己以终为始，不负韶华！

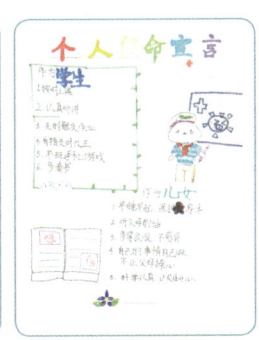
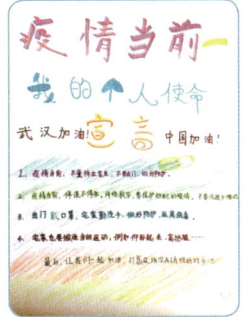

遵守：彼此双赢的协议

紧接着，赵老师说："同学们，我们来商讨一份'双赢协议'，讨论写下你们的'赢'和老师的'赢'。这份协议的签订就如同我们之间的承诺书，老师和你们是平等的，我们也都是自主的，我们每个人都要学会控制情绪，学会自律，信守承诺，严格执行协议的内容。赵老师会一直陪伴着你们，坚持不懈，直到成功，然后我们一起庆祝，为最好的自己喝彩！"

那一天，这一份501班师生之间的"双赢协议"正式出炉了，班长沈奕希同学代表全班同学在这份协议上郑重签下了自己的名字。

在"七个习惯"里的习惯四双赢思维中讲到：双赢协议是一个有温度、有方法的协议。有老师陪伴成长的课程，家长学习，孩子成长，已经达到了双赢。通过双赢协议实践，感受到孩子的成长，自我情绪的控制，更加明白尊重孩子的重要性。信守承诺是与孩子相处的原则，通过学习慢慢建立平等亲子关系，明确期望，相信孩子。注意细节，有爱，有心，有温度，耐心地陪着孩子执行双赢协议，坚持不懈，直到成功！

实践：知行合一的宣言

课后，501班的同学们都写了"个人使命宣言"，每个人都有感而发。

> **希希**：作为一名少先队员，自律在此时显得特别重要，外出一定戴口罩，合理安排网上学习时间，每天坚持做眼保健操，而不是把宝贵的时间花费在打游戏上，不仅危害眼睛，而且导致正常学习时无法集中注意力。在这个特殊的时期，虽然不能外出尽情玩耍，但在家也能找到有趣的事，我在家和爷爷学会了下象棋，吃完饭和爸爸妈妈打室内羽毛球，而且学会了包饺子、做甜点呢！
>
> **小惠**：这次加长版的寒假让我有点措手不及。每天不能出门，不能去学校，一开始我很不适应，现在我开始静下心来，要把每天安排得丰富多彩。按时上线上网课，完成各科作业，我每天还可以做手工、画画，在家打袖珍版羽毛球，这些活动穿插在我宅家期间课余时间中，绝对不碰网络游戏，因为网络游戏除了损伤眼睛、消耗时间，实在让人想不出还有啥好处。俗话说，既来之则安之，面对疫情，我们要管理好自己，利用好这超长假期！

我们每个人都是一个小世界，一个小宇宙，所以每个人都是一个小磁场。当这个磁场充满正能量时，就会把正能量不断扩展、辐射出来，不仅温暖自己，还温暖别人！

让我们在学习中感知使命，在生活中实践宣言，在知行合一中将"使命宣言"落到实处，实现双赢！

家庭4DX
为记分牌庆祝

LEADERSHIP

如何让孩子拥有更强大的自我意识和更坚定的自我信念？怎样让孩子在一次次目标的达成中体验和感悟到自我的力量和外部的支撑？为了让孩子在一个个目标的实践中掌握为人处事的原则，我们能做些什么？

实践家庭4DX是一个优先选择。它加强了家校之间的密切联系，充分融合学校、家庭和学生的力量，让孩子在每一个细微之处得到心灵的滋养，收获内心的力量。这样的融合沿袭了学校"天地广阔，育在细微"的教育理念。

我们知道，家庭始终是孩子生命教育的第一场所。家庭4DX就是帮助家庭有效地将高效能执行4原则（4DX）应用于家庭教育实践之中的工具方法。教导并实践4DX就是教孩子做事的原则。在实践家庭4DX过程中，孩子思考自我规划定目标、实行目标分解定计划、逐日行动记录过程，定期反思，相互监督和激励。师生用4DX实现目标的过程就是孩子学习活动和获得综合体验的过程，在一系列环节的执行过程中孩子逐渐形成责任感，获得自我效能感。

一、借助家庭4DX培养"自我领导力"

实践家庭4DX把握4大原则来培养孩子的执行力、坚持力，最终发展孩子的"自我领导力"。具体内容如下（统领全过程，贯穿始终）：

| D1 专注于至关重要的目标 | D2 贯彻引领性指标 |
| D3 设立激励性的记分牌 | D4 建立定期责任汇报机制 |

1. 专注于至关重要的目标

家庭4DX鼓励家长和孩子专注于当下至关重要的目标，选择目前阶段最值得自己集中所有精力去完成的高杠杆事情。这就要求家长和孩子依据自身的实际情况共同思考家庭教育中个人最想追求的进步之处。对于孩子来说，这可能是一个健康的体魄、一份执着的专注、一颗感恩之心……确定目标后，家长会引领孩子将目标清晰而具体地描述出来：何时，从X到Y。譬如正在健身的同学，可以树立这样的目标：到10月31日前，跳绳数量从20个/分钟到60个/分钟。

2. 贯彻引领性指标

家长可以和孩子共同探讨从哪几个方面来努力以实现自身的目标，共同找出实现亲子共同制定的关键成果目标的行动策略和方法，和孩子共同制定不同阶段的引领性指标。这个过程，让孩子明白有了目标很好，但是光有目标还远远不够，还需要把实现目标的策略方法清晰地制定出来，这样才能在每一天、每一周都为最终结果而付出努力。

3. 设立激励性的记分牌

为了更好地坚持下去，家长和孩子还要共同设立清晰易懂的激励性的记分牌。家长和孩子在日常生活中付诸行动，共同完成这一件件具体的任务，并及时追踪记录在记分牌上。在每次任务专注完成后，爸爸妈妈和孩子都会清晰地记录在记分牌上，这种及时记录和反馈，让孩子看到了进步和成果，及时不断更新，不断激发并深化孩子实现目标的内驱力。记分牌的设计和记录是一次次亲子之间的亲密互动。实践过程有形，却又在无形之中让爱在彼此之间蔓延开来，营造一个有爱有关怀的幸福家庭。

4. 建立定期责任汇报机制

实践家庭4DX也要在定期责任汇报中不断督促自我实现。如果孩子取得了阶段性的小成果，家长可以送给孩子一件满足孩子心意的小礼物或者亲子共同行动以示庆祝；如果孩子未能完成阶段性的任务，也可以亲子一起回顾检讨反思，找出对策。这不仅可以在家庭中以小家为单位，自我反思，自我成长，不断突破，还可以在校园中以大家为单位，让学校发挥其不可忽视的重要作用。家长们以班级为单位互相帮助、相互分享，在汲取他人力量的过程中统合综效，以求实现更好的自己。

二、实践家庭4DX的自主探索

406班的孩子和家长们在共同实践家庭4DX过程中进行了独树一帜的探索，取得了一定的成效。

1. 专注于至关重要的目标

以"积跬步以至千里　积涓流以成江海"为主题，利用4DX制定行动计划，并付诸实施，以在一学期内养成两个好习惯为宗旨，树立了2个重要目标。

> **目标1：我不再错（养成主动纠错题的学习习惯）**
>
> 　　任选一门学科，在统一购买的纠错本上，每日记录错题，半月清一次错题，坚持一学期。

> **目标2：我学会了（让做家务成为分内的事）**
>
> 　　任选一项家务，如扫地、铺床、叠被、洗自己的袜子或内裤，每日完成，坚持一学期。

家长们还整理了孩子们设立的目标，并对其进行了分类：

表1　目标分类（学生29人）

学业愿景	数量	比例	个人愿景	数量	比例
语文	7	29.17%	自理	3	37.50%
数学	9	37.50%	人际	1	12.50%
英语	5	20.83%	情绪	2	25.00%
美术	2	8.33%	体质	2	25.00%
体育	1	4.17%			
合计	24			8	

与此同时，孩子们也制定了属于自己的"专项计划"，如下图所示。

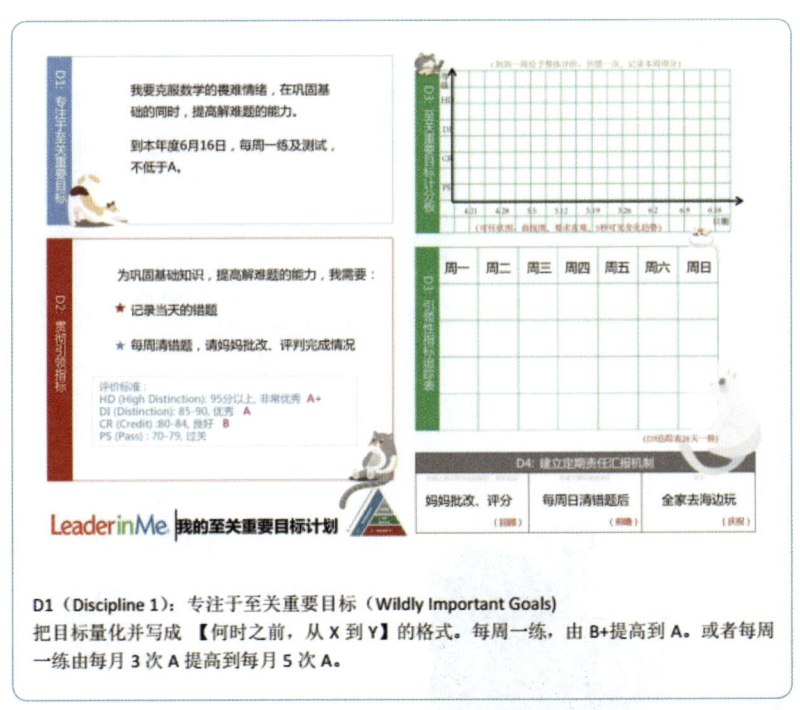

个人专项计划成果展示

2. 贯彻引领性指标

406班在实践家庭4DX过程中，全员动员，家长孩子融合式参与。

在设置引领性指标时，不仅关注理论学习的方式，还将指标细化、量化并设置时限，充分发挥主观能动性。

关于理论学习，这样制定计划

　　被动学习： 在线给家长提供学习资料包供其自学。

　　主动学习： 建议家长下载相关APP或其他听书软件，搜索《高效能人士的七个习惯》、《高效能人士的执行4原则》，利用碎片时间听书，听懂听会。

　　互相学习： 要求孩子在家向家长宣讲校内所学理论知识。

关于活动学习，这样制定计划

　　前期准备：

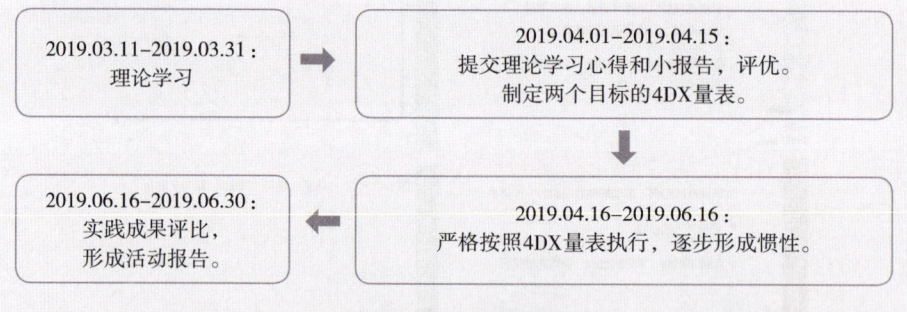

活动学习计划流程图

关于实践D2，有自己的独立思考

学生每日认真打卡

打卡由学生和家长两方面分别进行。学生打卡为纸质4DX量表。我们主要引导家长采用小程序打卡，朋友圈打卡，学员群打卡。灯塔家长定期不定期点评孩子的表现，充分赞扬家长的持之以恒。

践行过程中,孩子们用可视化的图表、符号和生动的照片记录下自己独有的打卡痕迹,家汇集网络资源并运用新潮神器。学习灵动,揭

3. 设立

对于D孩子们有自己的主见。

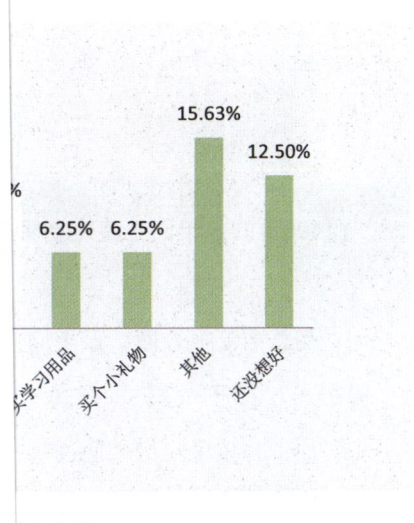

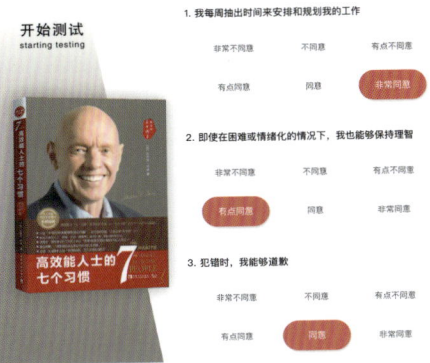

型与占比

对于家了全覆盖式的评选,并颁发奖状和奖品,大

一等奖
二等奖
三等奖
鼓励奖13人(40%)。

4. 建立定期责任汇报机制

406班在建立定期责任汇报机制时不仅从总体上展开规划,更对每一次活动进行定期回顾。灯

班级"自我领导力"特色奖品

塔家长在充分了解班级学生情况的基础之上，拟定阶段性发展规划。

前期准备：每位学生制定两份4DX量表，贴于家中。
中期检查：家长拍照汇报孩子量表记录情况。
结果评比：期末错题本班内展示，评选优秀错题本。请任课教师根据本学科的学生使用错题本后学业成绩的提升情况，评选优秀学员4人。

家务小能手展示，参考学期初校级家务小能手活动形式，班内小队活动评比。

而406班的孩子们也将定期责任汇报落到实处，他们这样做：

在总结汇报方面，孩子们尝试建立"责任伙伴（accountability buddies）"。

模式一："孩子+家长"形式

如，有孩子与母亲通过每日的打卡形式，培养自己的情绪管理能力。

也有孩子通过打卡督促跳绳进步。

模式二：小组合作

4人就近成组，每周一位学生汇报自己的愿景、实施情况，并现场展示成果。学生互相学习、改进。

检测本周实施成效

在家庭4DX的引导下，406班的孩子们积极主动地拥抱自我，在父母、同学和老师的帮助下不断更新！在人生这片汪洋大海上，他们像一艘艘已经扬起了风帆的小船，渐渐地做好自主启航和自如应对的准备。他们的信念是坚持不懈和勇往直前！

三、倡导家庭4DX之家长的感想

令我们欣喜的是，家长们始终和学校肩并肩，在实践家庭4DX中付出了很多，也收获了不少。以下是406班家长们的真实感受：

孜涵妈妈：很幸运，我们的孩子身在天地这个有爱的大家庭。学校于去年9月正式开始实行"自我领导力"教育，而"七个习惯"正是"自我领导力"教育的核心——积极主动、以终为始、要事第一、双赢思维、知彼解己、综合综效、不断更新。

一开始我身为家长，并不是很理解整个习惯养成的过程及"自我领导力"教育该如何正确开展。幸好有灯塔家长向家长们讲解了我们班开展整个活动的详细过程及我们和孩子每一步需要去做什么。

佳怡爸爸：虽然想法不错，但当真正开始，还是不顺利的。孩子每天做完作业洗漱完毕，总喜欢在沙发上看会儿书、做会儿自己喜欢的事情，袜子往盆子里一塞是再寻常不过的事了，习以为常的"丢摊子"哪能说改就改？换作以前，我们只会"催、帮、做"这老三样。但自从4DX量表由商议、制定到上墙之后，我们的策略也转变了，我们只会和她提起"打卡"二字作为提醒，不再包办，实事求是地反映真实情况。从一开始的"遗忘提醒—完成"，有时会"没有提醒—不完成"，打卡表格上就呈现了"跳跃式五角星"，到2周下来，我们看着墙上的图表一起回顾、分析原因，孩子一目了然地看到了自己的"漏席"，也看到了自己的不足。在接下来一周中孩子就努力改进，激励自己。

晨磊妈妈：以前完成家庭作业都需要家长在后面时刻督促才行，就差拿鞭子了。现在，家庭作业逐渐不需要家长在后面时刻督促着，完成速度也有了很大的提高。每天也会比较自觉地去按照自己设定的目标和进度去做。虽然中间偶尔还是会出现一点小插曲，特别是周四晚上，需要快速完成作业再去上英语课，时间确实比较紧张。这时候小朋友就会跟我唠叨："晚上就不做阅读理解了吧，就这一个晚上好吗？"等等。可是只要我告诉他"你定的目标奖励是全套《明朝那些事儿》，还有N本在等你带它回家哦"。孩子立马就说："那等英语课结束我再接着做完。"和以前需要盯着赶作业的状况相比，已经算是明显的进步了。

除了406班，天地校园的其他班级也在将家庭4DX付诸于实践，例如小蚂蚁中队。

领导自我学习，在"错题整理"上海贝正在走向突破，小蚂蚁中队的海贝家长这样说：

> 错题整理这件事我们家从小学一年级就在做，但都是由家长把错题摘好，孩子很被动地接受。但经过一段时间的执行，目前孩子已经能自觉完成每日计划，好习惯也渐渐地养成。错题摘录、订正越来越整齐，分析也慢慢开始有条理，孩子做事情也更有计划性。现在4DX计划已成为我们家庭日常管理的好帮手了。

由被动到主动，由依赖到独立，实践4DX计划让学习渐渐成为了"我的事，我来做！""我的事，我要做！""我的事，我能做！"。一点一滴，日积月累，在小蚂蚁中队里，像海贝这样通过认真实践家庭4DX来突破自己的同学还有很多：小蚂蚁冰冰设定"每日打卡进行坐位体前屈"锻炼目标。小蚂蚁小苗从当年4月22日开始执行"提高阅读速度目标计划"，每天坚持一个小时的阅读，她说：

> 我觉得执行的感觉挺有成就感的，我的阅读字数已经从一分钟222个字提高到一分钟270个字了。我得到了看电影、吃蛋糕的奖励。我以后会再接再厉的。

小蚂蚁小宇家长说：

> 经过一番讨论，我们决定从生活中的小事做起。小宇制定的目标是把自己的房间从"杂乱"变得"整洁有序"。比如，整理床铺，整理书桌……

还有很多很多……

在天地孩子和家长们的心目中，家庭4DX是落实"自我领导力"教育的美好一环。孩子在爸爸妈妈的帮助下掌握学习生活的主动权，通过积极主动地"设定阶段性小目标"来启动自己内心的学习生活之阀，让自己以充满力量的内心来迎接未来生活中大大小小挑战！家庭4DX的实践将家长与孩子、学校与家庭紧密地结合在一起，亲子师生在其中一起参与、一起体验、一起感受着"自我领导力"带给孩子们的变化，一起温润着孩子们那一颗颗细腻又好奇的心灵，一起见证着孩子们的每一点进步，一起为孩子们不断释放的卓越潜能而鼓掌欢呼！

居家学习
一个自我领导的绝佳时机

学生应该是具体的人、整体的人、有血有肉的人、自我发展的人。每个学生有着独特的生活背景、生活经验。个体的丰富性、独特性、发展的可能性乃至限制性都来源于其生活史。每一个受教育者都是"例外"，都是他自己。

天地实验小学尊重学生的个性化、差异化、多元化发展诉求，鼓励和支持学生"成为你自己"。一直以来，学校都在为打造"全国第一所满足孩子体验式学习需求的校园"而努力。

在这非常时期，学校的"体验式学习"又有了新的内涵和意义。根据教育部以及省市区各教育部门的意见，经过前期自下而上的讨论，学校几易其稿，发布了《杭州天地实验小学关于新型冠状病毒肺炎疫情防控期间开展"方圆云课堂"的实施方案》，方案中明确了"停课不停学，自我来领导"的教育思路，围绕"五育融合、主题渗透、综合实践、体验创造"四大教育理念，加强有天地特色的居家学习，即更综合的体验式学习，更具混合式学习思维的体验式学习。

混合式学习，强调自主，强调综合，强调经历、发现、创造，这与学校一直提倡的体验式学习方式不谋而合。学校认为，在这种线上与线下结合的混合式学习中，除了学习资源的混合，学习策略的混合，学习模式的混合，也应该注重学习成效的混合，这也和学校"五育并举，学科融合"思路不谋而合。

学校着眼人的成长，积极应对，以终为始，围绕天地人的核心素养——"善学习、会生活、能创造"来开展教育，让学生在"选择"中完善诸多发展的可能性。

在"停课不停学"的精神引领下，学校统合综效，合理设计居家学习课程，不断更新学习方式和内容，着力帮助学生提升学习能力，让学生得以在教师的指导和帮助下，通过网络主动查阅资料，积极主动获取知识，同时，学校还更注重其他方面的影响。例如：

云陪伴：利用"互联网+"的教育技术优势，开设"方圆云课堂"，开通直播教学路径，提供选择性学习资源包，指导学生在家学习。

对话课堂：在课堂中学会倾听，学会表达，学会尊重，在师生、生生平等对话、理性辩论中，碰撞智慧，交锋思想，激扬生命活力和创造力。

心理疗育：利用云平台，建设社交通道，在长时间居家中保持与他人的连接，缓解长时间独处带来的心理不适。

学校儿童成长中心、教育技术中心同步论证"方圆云课堂"的平台功能，开展教师技术培训和网络教研。准备就绪后，全校两千多师生进行全网测试，为新学习的开启奠定基础。

儿童成长中心在发给全体学生的一封信中这样写道："亲爱的同学们，自主学习是最考验'自我领导力'的时候，除了自主选择、自主安排时间和学习方式，你还可以自主评价、记录你的学习心得。当然，除了学科自主学习，非常重要的还有自主锻炼、自主护眼和自主劳动哦！你会安排好自己的学习吗？积极主动，以终为始，要事第一，相信你一定能行！"

居家学习和学校学习最大的区别在于：在学校，有老师全程督促，在家里，自己管理自己。学校里，一举一动都逃不过老师的眼睛，开个小差，撒个小谎，情绪有点波动，老师都会了如指掌。在家里，如若没有父母的长时间陪伴，一切都是自由的。听着音乐，吃着零食，玩着游戏，都可以随心所欲，即便学校和老师安排好了课程内容，采取了种种防范措施，依然可以逍遥自在。如果没有自律，学习可能成为空谈。

学校着力实施的"自我领导力"课程让更具混合式学习思维的体验式学习成为可能。通过一年半的实施，积极主动、以终为始、要事第一、双赢思维、知彼解己、统合综效、不断更新，这"七个习惯"在学生身上生根发芽，成为学生们有效实施自我管理、提升自主学习效力的最佳帮手。每一位学生"管理好自己，领导好自己"。在这个特殊的学期，天地的孩子有了令人欣喜的成长。

一、每一个逆行的背影，都是心灵的洗礼

德育，不仅仅关乎爱国主义、集体主义教育，不仅仅关乎行为习惯养成，更应该关乎家国情怀、公民意识的培养。"家事、国事、天下事，事事关心"的担当应该从小培养。

这场疫情，与每个人息息相关。天地的孩子，自我调控、情绪管理、审辩思维、公民责任与社会参与、沟通与合作等素养，都在这场战疫中非常耀眼。

209班吴唯睿、403班张翰辰、404班郑泽宇和田恒奕为远赴武汉一线抗疫的爸爸妈妈送行加油。孟子宸和爸爸一起创作并朗诵了《爸爸正在打怪兽》为武汉助阵。朱玛桐、朱辰珺、徐诗涵、高瑾轩、陈欣蕊共同录制了小视频《When I grow up》为中国加油。无数个孩子为逆行者点赞。无数个孩子写下微心愿为抗疫发声。我们同时还分享、展示了世界各地领导力（LEADER IN ME）学校学生为武汉加油、祝福，"同一个地球，同一次战疫，小小的力量点亮大大的星球"的活动场景。

在这场战疫中，孩子们懂得了感恩致敬，知道了自律自警，明白了自己的责任，管好自己，做好自己。在经历中思考，在思考中成长，真正上好了这一堂"关于生命与爱的教育课"。

二、每一次灵感的迸发，都是智慧的火花

未来的学习，是以互联网、多媒体信息技术为手段，变知识传授型的学习为自

主性、体验式的混合学习。智育，不再是被动地接受，更是积极主动地汲取和选择。学校可以提供统一的课程，统一的课表，统一的科目，但是，对于学什么、怎么学、什么时候学、在什么环境中学、和谁一起学这些问题，学习者将会拥有越来越多的自主权。

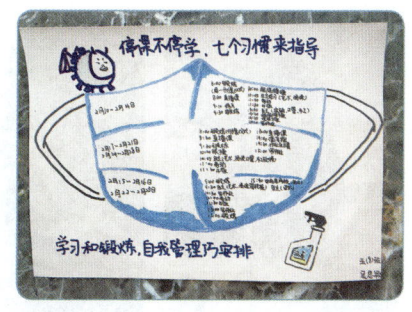

这次为势所迫的大规模居家学习可能会改变教育现有的生态，一场自适应的个性化学习变革将迎来高潮。学习是每个人发现自己的潜能与天赋，成为最好的自己的过程，每个人在学习中都会经历不一样的困难，收获不一样的成功与快乐，每个人也应该根据自己的情况汲取不同的营养，才能成长为自己希望的样子。每个人都要为自己量身定制学习方案。

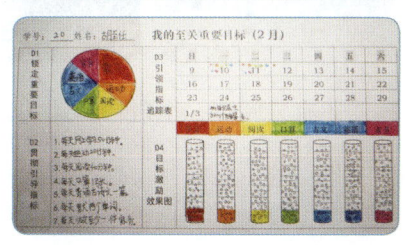

学校依旧把知识积累放在十分重要的位置，但是当我们放开了标准，开放了时空，不再拘泥于形式和统一标准的时候，学生们丰富多彩的学习变得更有活力了。

你看，会学能干的天地娃把一天的生活安排得妥妥的，自己设计生活作息表、课程表、4DX表，找个喜欢的角落，戴上在学校不能戴的耳机，做口罩，玩游戏，学知识，练技能，真是轻松自在，不亦乐乎！

没有了时空的限制，学校近几年推行的"家庭实验室"项目真正有了发挥作用的时间与空间。五年级的学生，在这次窝家抗疫行动中，把家中厨房改造成了"家庭实验室"，用水和酒精自制了消毒喷剂，着实让人眼前一亮；有的小朋友做了"带呼吸阀的口罩"的探究，告诫大家使用口罩的注意事项；有的做了过山车，整个客

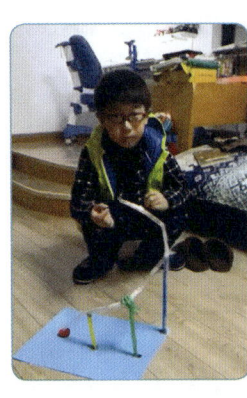 

厅都成了翻车现场。连我们一年级的孩子都伴着"自我领导力"的教育驱动,在科学老师的引导下,积极主动,在家里完成了许多生动有趣的家庭小实验(瓶吞鸡蛋、鸡蛋沉浮、水的表面张力、彩虹糖……),每个人都学着像科学家一样思考。

还有云阅读,全班在云端共读一本书。在喧嚣中感受安静,在恐惧中感受安宁的力量。阅读,拥有一种慢的能力,"水养人,书养心",用思维接触变化万千的文字,用大脑想象妙趣横生的词句,用心灵感受精彩纷呈的篇章,这是多么有意思的一件事。这个寒假有点长,这个寒假也有点安静。马路上车水马龙不见了,商场里热闹喧嚣不见了,甚至连学校里书声琅琅也不见了。正是一个静静阅读、悄悄积累的好时候啊!

领导力改变的是孩子们的思维方式。

宅家谁做主? 我。

学习谁负责? 我。

计划谁安排? 我。

过程谁落实? 我。

三、每一轮呼吸的运转,都是身体的呐喊

文明其精神,野蛮其体魄。"德智皆寄于体,无体是无德智也",完全人格,首在体育。

身体在,运动就在,生命在于运动,尤其是天天宅在家里,更需要积极运动一下，让身体保持活力。根据自身的特点，选择不同的方式进行。面对疫魔，积极锻炼身体，提高自身免疫力，用最科学的方式，从根本上拒绝病毒的入侵。

叶科辰老师设计了有趣的系列室内操《宅家幻想》、《平米健身》；401班小帅哥任可化身运动小达人，拍摄了视频告诉大家可以怎样运动；506班赵唯之在家里大露台上做各项运动……其他同学也根据自己的情况设定了锻炼时间和项目。

释放体能，释放天性，体验愉悦，培养习惯，增强体质，领导自己的身体，成为更优秀的人。

> **506班赵唯之：**因为我家有个大露台，我可以在那里适当地运动，也不影响邻居。每做完一项作业，我上露台上去望远，保护视力。我有个妹妹，虽然我们有时要吵架，但是还是可以一起玩的，我们玩投沙包、轮滑和滑板车比赛的游戏等等，外婆总是抱怨我们玩得满身汗。周楠老师说我跳绳还可以更上一层楼，我的4DX表格写的目标也是希望跳绳能突破200个，妈妈又希望我能长高一点，所以跳绳也是每日必须的。

四、每一道声影的交集，都是美好的发现

美育，不是奢侈品，而是刚性需求，是必需品，不是用技术将篮子装满，而是用心灵把灯点亮。

老师们身先士卒，率先垂范。

黄煜老师将一首我们耳熟能详的英文歌曲改编成了《洗手歌（Wash My Hands Song）》。孩子们在掌握wash、hand等相关单词的同时，还可以在微课中学习正确的

洗手动作，更鼓励有能力的孩子自己编创新歌。

杨璐仪老师创作了诗歌《爸爸妈妈是去擦亮星星的人》并由王校长亲自朗诵。

孩子的表现更是丰富多彩。左邻右舍的二人合唱，在家一人的钢琴独奏，宛转悠扬的笛声，刚劲有力的书法，形状各异的折纸，姿态婀娜的舞蹈，惟妙惟肖的临摹，每一个作品都是在用艺术点亮童年。

五、每一滴汗水的滑落，都是责任的担当

劳动是创造幸福的源泉，一切幸福需要劳动去缔造。在这宅家生活学习期间，没有什么比做家务更合适的劳动了。学生可以通过劳动，掌握各种生活技能，为以后独立生活打下基础。每个人要通过付出来获取，自己能做的事情应该自己做，这也是长大懂事的标志。每个人都是家庭的一份子，都要为之贡献自己的力量。

来看看同学们的安排和表现吧！

> **406班马怿彬**：我妈妈是一名医务人员，也积极申请了去支援抗击新型冠状病毒这场战斗。她每天都会去医院上班。空闲时刻，我会帮妈妈做点家务，拖拖地，洗洗菜，端端饭碗，摆摆筷子！让妈妈也轻松点。我深深体会到妈妈平时下班回家做家务的不容易，整洁的家庭环境、美味菜肴的来之不易。

劳动，用身体力行的方式获取知识与能力，让身体从书本中苏醒过来。劳动，不是一味地体味艰辛，而是在与生活的充分接触中拥有幸福生活的能力。

学习在窗外，他人即老师，世界是教材。这个漫长的"寒假"，天地的孩子关心自己，关心家人，关注社会，关注世界，稚嫩的眼神依然纯粹，但多了些独立的思考，笔端流淌的不仅仅是玩具、游戏，更多了人与人之间的感动，家与国中的担当，

他们开始敬畏生命，敬畏自然。

宅在窗下，规划自己的作息，寻找适合自己的学习内容，设计自己的运动，沟通家人间的亲情，阅读喜爱的书籍，为父母长辈做点家务，回归生活本源，体验学习真谛，生活的教科书让他们在经历中成长，这是他们现在最美的样子。

没有了以往此时教室里的书声琅琅，图书馆里的静心阅读，阳光下操场上的恣意奔跑，的确有点郁闷，但是，当生活为你关上一道门的时候，一定会以另外一种方式为你打开一扇窗，只要你用心努力去感受，就一定能看到另一番风景。

教育是别人对你做的事，而学习是自己去做的事。或许，我们正在经历一场了不起的变革。在未来，学校可能不是现在这样的，学习的方式可能也不是现在这样的，我们获取知识的方法可能也不是这样的，但不论面对何种变化，用以终为始、积极主动的思维方式和行动准则去应对，一定是最卓有成效的。

每一个儿童都是天生的学习者。自我领导，让每一天都变得充实饱满有光泽。自我领导，开启一种全新的体验式学习。

篇章二

② 创建领导力文化

LEADERSHIP

校长手记 NOTE

《麦田里的守望者》为世界贡献了一个词语：守望。真实的麦田，翻涌着活泼的灵魂，在和阳光、露水、泥土、草尖、小虫的对话中，我们看到了满眼的热爱、自由的成长。守望麦田，即守望生命，守望纯真的自己。风吹麦浪时，就是"生命闪耀的时刻"！

教天地之道，育生命自觉。这是天地的"自我领导力"教育的使命。好的教育激发人的内在生命力，人只有在自觉觉他的情况下，才能最大可能地向内挖掘自己的独特价值，向外看到他人的善良，世界的美好即明自我，明他人，明环境。

如何唤醒"生命之觉"呢？

育人有道，大道至简，根在自育。两年来，"七个习惯"把我们带入一个良性循环，帮助学校改进家校关系、教师工作、学生全面发展以及自我管理。生命之觉首先在于自觉，也就是发现自我的价值，承担对自己生命的责任，"七个习惯"的个人领域的三个习惯，积极主动、以终为始、要事第一，就是唤醒每个人的生命之自觉；这让每个人建立好和自己的关系，带着使命而活。

生命之觉还在于觉他，就是激发对他人的善意，与他人和谐相处，并创造更大的价值。"七个习惯"公众领域的三个习惯——双赢思维、知彼解己、统合综效，就是让每个人在独立的基础上建立与他人、与世界的关系。习惯七让我们全面关照生命的多重面向——身心脑灵，让教育关注和满足多面向的完整的人的多重需要。"七个习惯"让天地师生和家长拥有了共同语言，共铸天地教育话语体系。

"七个习惯"不仅仅给了我们一套逻辑自洽的有序的教育哲学，还给了我们一套可操练的行为训练指南。我们将"七个习惯"化为可行的小目标和做法，并融入到每一天的学习和生活中。"七个习惯"，聚沙成塔，我们鼓励勤勉，培养习惯，讲求规则，建立关系。我们与儿童同行，努力帮助孩子与他生活世界中的人、事、物，建立积极互动。

亲爱的老师们不断创新班级领导力文化。班级虽然小，却能够真实地建构出一个从"我"到"我们"的小世界。在这个小世界里，孩子体验参与班级的管理、从个体到群体让精神内核积极向上，人人聚焦影响圈，孩子们寻找和扩展新的健康友谊圈，大家会交流，会表达，会合作，会分享，与世界缔结美好关系。

我不是完美的，
你也不是，
我们要一起学习和成长。

学生发展，是家校共育的不变圆心；教师沟通，是家校共育的定海神针；家长力量，是家校共育的待掘宝藏。"七个习惯"打造品格与高效能执行四原则4DX的执行力。这就好像自行车的两个轮子，缺一不可。双轮驱动，催化家校共育。我们欣喜地看到，每一位灯塔团队的成员成为学习智慧代言者，成为以身作则的榜样人物。

在孩子们执行学习目标计划的过程中，家长不缺位、不掉队，而是与孩子手拉手、肩并肩，共同参与、共同建立情感联结。

灯塔家长赵唯之妈妈说：君子生非异也，善假于物也。4DX于学生，是为物。骐骥一跃，不能十步；驽马十驾，功在不舍。"七个习惯"养成不离不弃，天地学子终成翩翩君子。

亲子之间用"七个习惯"和4DX构建了一个全新的沟通模式，这是建立在双赢思维基础上的知彼解己。知彼需要体谅，背后是一颗慈悲的心；解己需要勇气，背后是对自我价值的充分认知和强大的自信。所谓情感的成熟是能够拿捏好勇气和体谅之间的平衡。在学习过程中有许多感动人心的故事，孕育了一个个情感账户充盈的、充满爱的家庭。父母和孩子之间的交流是双向的，在日常的生活中为孩子赋能，理所当然去信任他。当你犹豫焦虑，在有用无用之间徘徊的时候，请多追问自己："我究竟想要一个怎样的孩子？"让孩子在我们的眼中看到自己的潜能，并为之努力。

所有的学习都是社会的；
所有的学习都是情感的。

联合联动联结，共建共学共情，高质量的倾听与陪伴，带来了共赢。我们通过学习和实践，看到家校共育无所不在的生长以及因生长而迸发出的活力。让积极主动成为不断更新的动力引擎吧，我们希望借助领导力引领自己的生活（自我领导）以及帮助他人释放潜能（引领他人）。这种"观—为—得"知行合一的循环，慢慢步入天地校园和天地家庭，它的生命元素就是——"改变从我做起"的获得感、成就感、幸福感……

启航中队
教室的每一个角落都有"我"

启航,是天地的一个二年级班级。它诞生于2018年9月。那天,当这群孩子迈进晨光透射的校园时,迎面可见的是教学楼外墙上那一棵高大的"自我领导力"树。它青翠挺拔,每一片叶子上都闪耀着生命的活力。当然,那时他们还没感受到这棵树的力量。但是仅仅一年多的时间里,这间小小的教室却发生了巨大的变化。

这是2019年10月的一天,孩子们在主持并讲解自己的班级文化。面对济济一堂的省内外各地校长、老师,他们大方地介绍着自己的班级领导力文化,热情地描述着自己和小伙伴的变化。

一、班级使命宣言的创建

启航中队从创建之初就重视引导孩子明确班级使命。从师生畅想美好班级关键词到亲子共同参与设计班级使命,再到学生自主讨论、完善,班级使命越来越清晰。

海的蔚蓝、博大、勇敢,成了这个班级文化的底色。孩子们设计了自己的蓝色班徽。他们的领导力角色被称为"魔法水手",奖励卡被称为"水手币"。情感账户是以蔚蓝的大海为底色,阅读计划为"蓝色海洋计划"。班级有自己的"启航"公众号,评选自己的"启航之星"。班级使命宣言让这个班级有了自己的辨识度,有了光,有了方向,有了归属,有了力量。

如果说"启航"是一艘乘风破浪的船,那么个人使命宣言就是每个"船员"手中的指南针。班级会定期召开班会,围绕班级使命宣言和个人使命宣言来谈谈自己这段时间的经历,看看航标是否明确,航向有无偏差。

二、领导力岗位的担当

在启航,每个孩子都拥有一棵自己的领导力树,树干上有他们的照片与岗位名称,树冠上粘贴着代表他们领导力评测的花果。让自己的领导力树多开花结果是每个小小领导者最大的心愿。

学期初,他们根据自己观察到的班级需要,设置了各种各样的岗位,绿植养护、图书管理、书包柜监督、窗台清洁、黑板美容……岗位细化,专项负责。接着,他们根据自身意愿,选择1~2个岗位提交意向表。如果是热门岗位,举行岗位演讲,最后选出这个岗位的小小领导者。落选的伙伴继续去考虑和选择其他的岗位。

壮壮(化名)原来参加的是"值日班长"的竞选,但是落选了。后来,他在自己的领导力心情日记上写道:"我觉得我的'自我领导力'需要提升。比如'要事第一'的原则执行得不好,因为我上课会找同学聊天,还会做小动作。还有'双赢思维''知彼解己'也很薄弱。遇到事情,我总是觉得自己正确,希望别人全听自己的,别人不同意,我甚至会发怒。现在我明白了,要想成为同学们心目中合适的值日班长,我还需要先提升'自我领导力'。"最后,他的领导力岗位定在语文课代表上,他希望通过这个岗位提升"自我领导力",努力建立自己踏实、负责的形象,做到服务同学，而不是命令同学。

意向思考，岗位征选，这样的岗位配置方法对于一些个性内向的孩子来说是一个挑战。

班级里有这样两位孩子，他们一直不知道自己该选择什么岗位。直到班里大部分同学都找到了自己的岗位，他们还在迷茫中。老师鼓励他们仔细观察班级生活，用心发现适合的岗位。一两天之后，他们找到了自己的岗位——"用餐监督员"。因为他们发现班级里有些同学午餐吃得很快，匆匆吃了一点就倒了，这样既浪费食物，对成长也不利。他们上岗了，但问题随即而来：作为"用餐监督员"，他们自己的午餐怎么办？为了监督同学用餐，自己就不能好好吃饭了？面对这个问题，老师没有给他们解决的方法，而是让他们自己去思考。后来，这两个"用餐监督员"决定两人轮流先上岗，每周由一个人早一点上岗，另一个迟一点。但是要给他们一个特权，每周让他俩中先上岗的那一个享有取餐优先权，可以不用排队，直接去取餐，这样就可以早点开始用餐，早点上岗监督。他们的岗位思考力在发展。可是，让他们苦恼的是：每天总有那么几个同学不好好用餐，端着食物还蛮多的餐盘就想倒掉。对于如何解决这个问题，老师给的建议是：专注你的影响圈。两天后，这两个"小小领导者"利用午谈时间，播放了一段《健康饮食，营养均衡》的视频，并明确提出用餐要光盘。这样的午谈结束后，班里的用餐情况好多了，当然更让人高兴的是，这两位"小小领导者"在岗位上的成长。他们开始懂得专注于自己的影响圈，做自己力所能及的事，扩大自己的影响圈。

教师练习赋能授权，孩子学习选择担当。人人一个岗位，在解决真实的问题中提升自己解决问题的能力。从"育分"到"育人"，孩子们不只专注于学业目标的达成，更热切地期望在合适的岗位上展示自己，锻炼自己。这一点，家长们也有共识。因为他们深深知道我们在为未来而教，孩子是在为未来而学！

三、情感账户的存取

在启航,每位孩子都有一个自己的情感账户。礼貌尊重、诚实守信、正直勇敢,可以增加账户存款;给同学无条件的爱,会收到同学的谢意。自从班级里设置了"情感账户"之后,正能量氤氲成风。

记得有一次,一位同学不小心撞倒了一个平日里脾气比较爆的大个儿男生。老师以为这个男生会火冒三丈,没想到他皱着眉头站起来居然没发火。老师很奇怪:"你原谅他了?"大个儿男生揉着被撞疼的地方点了点头。"为什么?"大个儿男生说:"他也是无意的!"后来,他从自己的"情感账户"里摸出一张"存款单"。上面写着:"然,今天我不小心把你的文具盒摔到了地上,你没有发火!谢谢你,我们以后做好朋友吧!"正是这样的"存款单"让这个男生从别人的眼中看到了自己的好,从而愿意更加努力地去学习宽容他人,去学习交朋友。

情感账户,还让平时不好说、没机会说的话有了表达的平台。当老师的也会收到孩子们不少"存款单":"朱老师,感谢您教我们写字写作文,写作文用拟人法、比喻法,谢谢您,希望我会用这些!""孟老师,上次我生病请假,谢谢您帮我补课。""黄老师,谢谢你细心地将我妈妈都没发现的书写错误批改出来。""朱老师,谢谢您给全班同学读我的优秀作文,我下次要写得更好,让您觉得文字更生动。"这些"存款单"让老师很感动,老师所做的微不足道的事在孩子们眼中被放大被赞美,所以可以想见到,当孩子们看到自己的情感账户存款时,一定也会非常激动。

当情感账户里这样的存款单一张张多起来的时候,班级还会举行"我的庆祝"。这时孩子们会一起交流:你给谁的账户存过款,原因是什么?你的账户里收到的最暖心的存款单是哪一张?你最希望自己下一次收到的存款单是什么?有一次,有个小女孩说:我好希望有人夸我街舞跳得好!其实,我街舞真的跳得很棒!于是,大家就邀请女孩第二天带上街舞音乐为大家表演一段。当音乐响起的那一刻，女孩的眼中闪烁着星光。这就是"情感账户"的神奇魔力：用我的眼睛看见你的好，透过你的眼睛看见我的好，以至于我们都愿意为更好的自己努力！

　　这是发生在启航中队教室里的故事，也是发生在天地每一间教室里的故事。让每一间教室都透出光，让每一个孩子都站到成长舞台的中央，让每一个教室的角落都有"我"。从理念到实践，俯仰之间，是天地人为每一个孩子搭建的成长时空。

小鱼儿中队
当阅读插上领导力翅膀

LEADERSHIP

进入五年级,天地小鱼儿班开始接触"七个习惯"以及"自我领导力"。随着学习的深入,他们发现自我领导力的核心部分便是他们之前一直在学习的"君子之道"——正身、存志、力行。成为"君子"虽尚为遥远,但小鱼儿班级学习运用领导力工具过程中,无论在学校还是家里,他们内心都明晰:"学习是我自己的事,我对我的学习和生活负责。当下,我是学生,学好知识便是我的本分,我要养成好习惯,给身边的人带去正能量。"就这样,小鱼儿们每天勤耕不辍,雕琢内心,坚持日常点滴好习惯,生命的奇迹便如约而至,在时间里开出一朵朵小花。

一、自我领导:为阅读加持

阅读,对很多小学生来说可能是一份苦差事,但对小鱼儿班来说,去图书馆或者有时间读自己喜欢的书,是一份奖励。小学六年里,小鱼儿班每年的阅读量上百万,且阅读已成为他们每日生活必不可少的一部分。晨诵的古文从《千字文》到《声律启蒙》,从《大学》《中庸》到《论语》《道德经》,这些看似生僻的文言文,在大多数人看来可能与孩子们开心诵读遥不可及,为何天地小鱼儿却都读得津津有味,这其中有什么秘密吗?

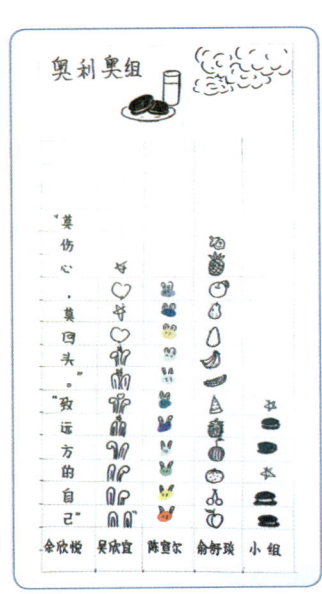

原来，在阅读之初，老师和家长、孩子们一起制定了每学年、每学期和每个月的阅读计划。从最初低段的每日一绘本，到中间桥梁书，家长、老师和孩子一起制定计划，听孩子朗读，一个个过关。孩子们阅读的每一阶段，学校和家里都有清晰的记录，从爬格子到阅读小火车，从阅读存折到阅读树的建构，每一步，他们都能看到自己在过程中的进展与收获。加之过程是以游戏的方式进行，所以孩子们不会觉得枯燥，反而如"百舸争流"般竞争高下。不知不觉中，他们就爱上了阅读。

随着前期的积累不断丰厚，老师会组织一些有趣的活动，让孩子们可以更加深切地体会到阅读带给他们的快乐。就拿四年级儿童节为例，儿童节前班级共读汤汤老师的童话，他们沉醉其中，赞叹汤汤老师奇妙的想象力。对于四年级的小朋友来说，已经学会了写信，知道如何用书信表达想法。汤汤老师怎么能写出文字这么优美、故事情节这么有趣的童话，其中有什么奥秘吗？于是他们纷纷约定好，各自写下了自己的阅读感想以及疑问，最重要的是，他们想请汤汤老师来我们学校作客。当浙江少儿出版社的钟社长知道这件事后，非常感动，于是联系汤汤老师来杭和孩子们见面。孩子们知道这个消息后，一个个喜出望外。就这样，种子发芽了，并一天天认真生长着。

2018年的"六一"，汤汤老师真的来了！一个半小时里，孩子们全神贯注聆听汤汤老师的分享，分享她对童话的理解，分享童话的美妙，畅谈阅读童话对我们的重要性。阅读带给他们意想不到的惊喜，带他们到达神秘美好之境。

二、自我领导：活动中遇见更好的自己

小鱼儿班第一次朗诵会

今天，小鱼儿班开展了第一次朗诵会。在这之前，大家非常激动，也都认真准备着。

赛前准备

在比赛开始之前，为了找到合适的朗诵题材，我在网上不停地查找。"二战感人故事""二战真实故事"……但每次都搜不到满意的，我十分着急，叫妈妈来帮我一起找。"妈妈，快看看，这个行不行啊？"为了准备这次比赛，我花了不少心思。

比赛抽签

抽签排序时，听见孙陈承大叫一声："我要第一个！我一定要抽到第一个！"我用书遮住自己的脸，悄悄地读起《开国大典》第四段，其实是为了掩饰自己激动紧张的心情，希望自己抽到中间的序号。一看抽签结果，耶，第七个！我的愿望成真啦！

成为评委

噢，我成为评委啦！我坐在第一排的位子上为选手打分。可是在给第一位选手打分时，我心里有些矛盾：他的声音十分洪亮，但感情不够丰沛……该打9分，还是8分？突然发现，当评委也不是很轻松的。

竞争激烈

选手们为了这次比赛，真是倾尽全力啊！大家各个在台上精神抖擞，信心满满，用自己全部感情去朗读。比如陈宣尔，她上台并没有紧张，而是十分大方自信地站在舞台中央，高声朗读起文章《老兵的枪》。凄凉的音乐加上带着感情的朗读声，真是太感人了。在听完一个个选手的朗读后，我觉得压力好大。

打分纠纷

比赛之后，大家纷纷来找我"算账"，说我打分太严格了。我的好朋友钟李想对我大叫："小白，你为什么只给我打了7分呀？我不是读得很好吗？"任可也对我说："小白，你打分太严啦。"诸杰铭也跑过来说："小白，不能太严格了，要学会拉分，呵呵。"可是我觉得自己不严格呀，钟李想虽然读得很不错，但是停顿太长了，声音也有点小。为什么他们说我太严格啊？

期待下次朗诵会

比赛过后，老师对我们说，下次可以叫上父母一起去小剧场举办朗诵会，我们很期待。通过参加这次朗诵会，我更加喜欢朗诵了。它让我知道，朗诵的感觉多么美好。

上面所呈现的，是小鱼儿班王思朗同学对于朗诵会活动的记录。这次活动，老师尝试放手做旁观者，给孩子们更多的展示空间——自己主持，自己准备朗诵稿，准备PPT和配乐，评委和记分员也是从班级同学里选出。总之，活动主人就是他们自己。当每一位孩子被"授权"和"赋能"时，神奇的事情发生了。这不仅能让孩子们以更高的激情去投入，同时还能让他们更懂得遵守和维持秩序，学会如何评分，如何取舍，朗读的精妙于何处等。基于这一次经验，之后的班级迎新晚会孩子们做得更是完美妥帖。

虽然对于自我领导力，孩子们接触时间不长，但却为这场盛会增添了无限惊喜，让人不觉有"半年磨剑"的感慨。从朗诵会的节目排演与主持、舞台背景设置、PPT设计和配乐，甚至到后台音控与播放，无一不是小鱼儿们亲自担当：你是朗读者，我是倾听人；你是主持人，我是音控师；你是表演者，我是观赏者……各在其位，各司其职，人人都是领导者，每一位小鱼儿也都做到了最好的自己。

三、自我领导：让"宅家"学习饱满有光泽

2020年初的疫情，对中国乃至世界的所有孩子来说，印象无疑是难忘而深刻的。这段经历不仅让他们对身处的宏大世界有了更真切的认知，同时由于疫情"宅家"，不能外出，日常生活与时间如何管理，对他们来说也是一个挑战。天地小鱼儿们根据已学的"自我领导力"工具，让"宅家"生活有了光泽，有了意义。

疫情刚开始时，孩子们还是有许多不适应，甚至还有些许抱怨。但经过一段时间的"自我领导力"工具再学习，"宅"在孩子们眼里已是别样的味道。虽在家学习，但每天提前坐在电脑前准备上课，饱满的精神、专注的神情、认真的态度，丝毫不逊于学校教室里的投入。"无需提醒的自觉"，慢慢发芽。每一份作业都能看出认真。字字书写工整，每一天的作业都不懈怠，尽力做到最好。"宅"家学习，让他们不再拘泥于传统的课本学习，而是更多地涉猎古诗词以及中外经典文学作品。他们不再是两耳不闻窗外事、一心只读圣贤书的孩童，他们的眼透过窗外的天变得愈

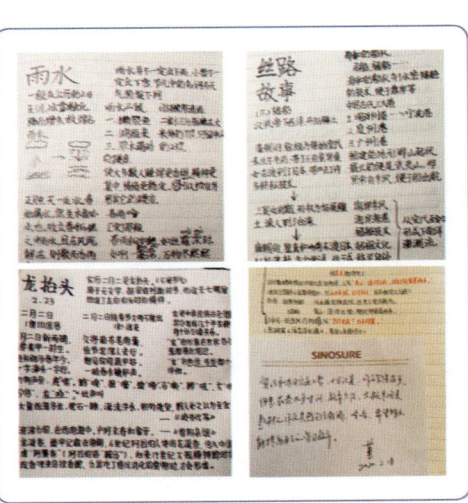

加深邃，开始心系家事国事天下事，笔端开始流淌自己独立的思考。

最好的学习不是课本，不是老师，而是博览群书的浸润，是生活经历的感悟，是自我修正约束的前行。"宅家"有序充实的生活无疑是"自我领导力"在他们身上最好的印证与体现。小鱼儿以"宅"家自修的方式，在古诗词中被熏陶，在时事新闻中思索，在运动中成长，在生活技能里感悟。他们用自觉自律让"宅家"生活有了光泽。

除了学习的安排，"宅"家也让他们更懂得生活的真谛。原本握笔的双手，变成了拥抱生活的双手，他们更接地气了，各个如小大人般出入家中厨房，各种美食不断被创新；洗碗拖地，叠衣择菜，各种生活小技能也在实践中不断被更新。百变厨艺、各式家务让他们回归了生活的本源，生活的教科书让他们在经历中成长。

魔法中队
小助理的迭代生长

LEADERSHIP

在天地实验小学的二年级六班，同时也被称为"魔法中队"的班级中，运行着一个"魔法小助理"的制度。在这一制度中，每个孩子都能凭借自身的优势和特长争取到一个岗位，并做好岗位工作，为班级增光添彩，同时展现着自身熠熠闪光的领导力。

基础·领导者潜力

"魔法中队"的孩子进入"七个习惯"的学习，就是从了解自身的领导者潜力开始的。

在教师的引导下，学生顺利找到"某个时刻"最棒的自己：有的是在跳舞时，有的是在绘画时，有的是在打篮球时……活动中，自身的潜力和优势凸显出来，或是开朗的性格，或是做事仔细踏实，或是优秀的表达能力等等。在之后"魔法小助理"岗位（即领导力岗位）的选择中，他们就能够更准确地定义适合自己的岗位。

同时，在"七个习惯"学习的不断推进中，他们还明白这样的道理——

自己的领导者，懂得对自己负责。他们能够学习，能够计划，还懂得激励。

他人的领导者，懂得对他人负责。他们能够合作，能够帮助，还懂得倾听。

而真正的领导者，先要学会对自己负责，然后再对别人负责。

班级内的每一个孩子都相信自己有潜力做一个真正的领导者。

凭借·领导力工具

实用的领导力工具能帮助厘清班级现状，正确分析班级的优势和面临的不足。在"魔法小助理"制度的实行过程中，学生积极使用多种领导力工具，如借助"可控圈"分析班级某一问题解决中可控与不可控的因素，从而一同商讨建议的可行性，最终解决问题。

面对班级图书破损严重的问题，学生在教师的引导下对各项因素进行分类，放入"可控圈"中。其中可控制的因素有——自己不破坏图书、提醒别人不破坏、有专门管书的人等等。他们将目光投向可控圈中的事项，通过小组讨论，有针对性地提出解决方法。

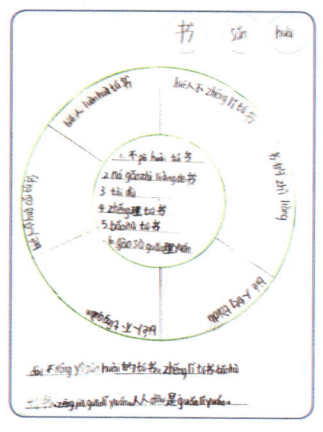

学生还会使用优先顺序图安排自己工作中的优先事项，用图表记录自己每天的工作完成情况……

聚焦·领导力目标

高效能思维有一个关键概念——清晰地定义愿景和人生目标，让一切变得大不同。"魔法小助理"制度就是建立在清晰定义班级愿景和个人目标的基础上的。首先经过全班讨论，为了达到让班级变得井井有条的愿景，设置各种各样的岗位，如地面管理员、绿植小卫士、板报美化师……再根据学生的优势和意愿，选择一到两个岗位提交意向表。热门的岗位，就投票选出这个岗位的小小领导人，落选的可以继续思考自己的岗位，重新选择。

在明确自己的岗位后，随即进行的是就职仪式。"我有领导力。我会做一个负责任的小助理！"一声声宣誓，一个个眼神，里面都是责任和担当。

知道自己要实现什么只是第一步。回家后，他们还要制定自己的工作计划，什么时间进行一次工作，工作内容是什么，要做到什么程度为止……小小领导者先设立目标，然后为实现目标而制定计划。

计划可以帮助他们做到以终为始。

扎实·领导力评价

小小领导者在制定计划后，会经常检查计划的进展情况，付出努力，直到实现目标，这也正是定期评价的意义所在。

每周五的午间谈话时间，小小领导人会轮流上台，回顾自己一周的工作，工作到位，每周都能拿到固定的"工资"。期中，会进行中期评价活动，同学、家长和老师一起评价小小领导人的表现，提醒他们不要松懈。期末进行评价和总结，颁发"星级小助理"证书，以庆祝一学期的优秀表现。

在这样的评价制度保证下，小小领导人不仅更新着身体，也更新着大脑，更在与同学、老师交往的过程中更新着心灵和情感。

直面·领导力挑战

"魔法小助理"制度，培养了一个个"小魔法师"，他们的领导力亟待接受生活的检验。

在这个假期，突如其来的疫情使得原先设定的计划搁置了，但这一点也不影响小小领导人们做及时的调整。在老师前期的指导下，学生已经学会如何合理安排自

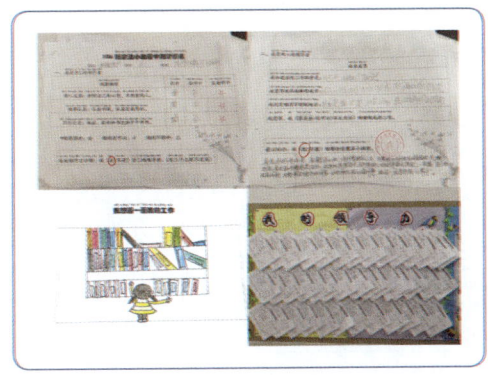

己的时间：先列出各类事项，再根据"非常重要""一般重要""不太重要"几个标准对这些事项进行分类，以确定优先事项，最后再按"从优先事项到次要事项"的顺序合理制定时间表。

结合学校的推荐课表，他们马上调整好了属于自己的"个性宅家时间表"。

自我领导力的能量在于，不仅制定计划，更要努力去实践。小小领导人虽然年纪尚小，可是他们也想为疫情的防控做出小小的贡献。作为一名小学生，他们明白，乖乖在家中做好隔离、认真学习是他们为疫情做出的最大贡献，这也是最重要的"大石头"！

每天，他们准时参加学校安排的在线学习，积极与任课老师互动提问。课后，他们自主进行阅读、练字、诵读、写日记等活动，不断充实自己。

小小领导人不仅通过书本学习，还在生活中学习，安排了很多学习活动——

通过运动感受身体的结构，增强体质；通过做家务体会劳动的不易，学会感恩；通过做眼操明白健康的重要性，爱护自我；通过画画发现身边的趣事，培养审美……

在这个超长假期中，小小领导人停课不停学，除了有任课老师的"加持"，家长就是"居家班主任"，他们给予孩子适当的监督，引导孩子合理安排好时间，一起度过这难忘的时光。

小小领导人运用强大的自我领导力面对挑战，背后的老师们也不例外。他们一边忙着备课，一边时时刻刻牵挂着每一名同学的健康情况以及学习情况。

抗击疫情期间，"魔法中队"的孩子、老师、家长纷纷施展自我领导力的"魔法"，做着最有用的事。

在"魔法中队"里，每个孩子身上都有闪光点，于是，每一个孩子都成为了这个班级的管理者。而他们确实在用他们自身闪闪发光的领导力证明，他们是负责任的小助理。这便是"魔法小助理"制度的"魔法"所在。未来，这项制度也会不断更新，不断生长。

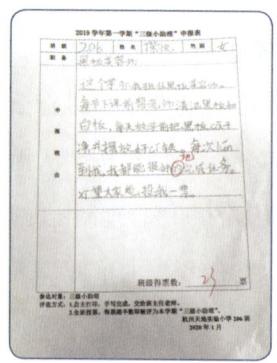

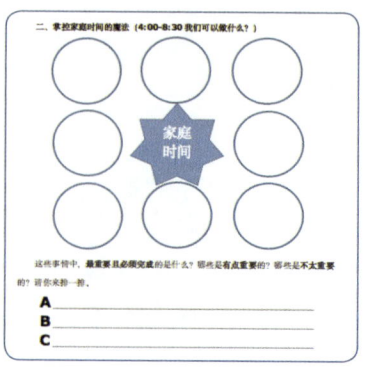

亮睛睛中队
让生命亮晶晶

文化是一种载体，班级文化是班级极其重要的一个方面，它影响和反映了全班的精神面貌。没有优秀的班级文化，就不可能有一流的班风，就不可能有先进的班集体。

班级文化建设要把握好原则性、实用性、独特性。"亮睛睛"班，象征小朋友有亮晶晶的小眼睛，会观察、会思考、有灵性，每一个人都会发出自己亮晶晶的光芒。"亮睛睛"班富有特色的

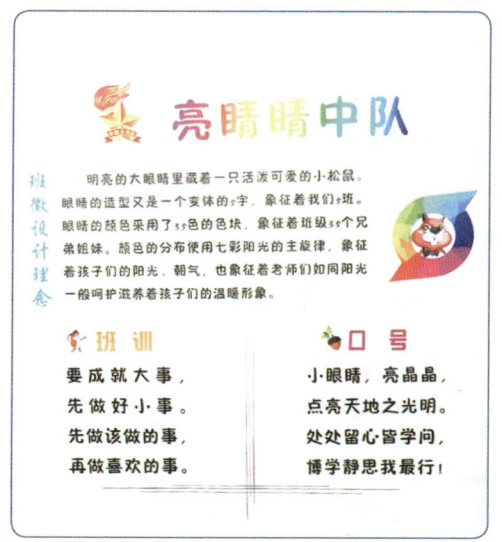

"眼睛"文化，巧妙地与"七个习惯"紧密结合，蕴含着每一位学生的自我约束、自我调节、自我管理、自我激励。

眼睛是心灵的窗户，知识是心灵的眼睛。首先，坚定地相信并重视眼睛的无限价值，直接反映了"积极主动"的习惯要求。其次，有了一双会思考的眼睛，就一定能够树立坚定清晰的目标，"以终为始"、"要事第一"，并为之"不断更新"。最后，有了会观察的眼睛，才能够察觉考虑到别人的需求，具备"双赢思维""知彼解己"，最终实现"统合综效"。

遇见美：眼睛虽小，却可以看到整个世界

小小眼睛大能量。眼睛虽小，却可以看到整个世界。在我们的周围不是缺少美，而是缺少一双善于发现美的眼睛。班级里，每个人随时随地都能看到的就是班级环境建设和师生面貌。它们深刻地影响每一个人的效能与情绪。

班级富有特色的文化建设，以一种丰富多彩的形式提醒和激励着每一位师生，让每一个人都感觉到班级是一个充满期待和希望的有趣、有爱的地方。我们相信，积极的习惯会孕育更好的环境，而积极的环境会激发更好的习惯。

"班级就是我们的家，如何让我们的家变得更美？你们有什么好的想法吗？"在"教室——我们的另一个家"主题班会上，孩子们各抒己见。有的说："我们要有班级的口号和logo。"有的说："我们教室里要充满绿色和生机，我要把家里的绿萝带到教室。"有的说："我们要建立班级的情感账户，我们都往里面多多存钱。"还有的说："我们要在教室里种一棵习惯树，让它茁壮成长。"就这样，经过激烈的讨论，"亮睛睛"班的班级口号诞生了："小眼睛，亮晶晶，点亮天地之光明。处处留心皆学问，博学静思我最行！"另外，班级还征选了两首孩子们最喜欢的关于"眼睛"的小诗，贴在了教室墙上。第一首是《我们的眼睛》：我的眼睛很大很大，装得下高山，装得下大海，装得下蓝天，装得下整个世界；我的眼睛很小很小，有时遇到心事，就连两行泪，也装不下。第二首是《老师的眼睛》：老师的眼睛，像一望无际的海洋，我们是一条条小鱼，在您的目光里，快乐地游来游去；老师的眼睛，像夜晚的月亮，我们是一颗颗星星，在您的微笑里，闪闪烁烁。

"班级使命宣言"也是孩子们精心设计的。在讨论过班级使命宣言后，孩子们在彩纸上画出自己的手掌并剪下来贴在使命宣言周围，象征着班级每一个人的承诺。

教室里还有一棵特别的"习惯树"。在班会课上，这棵树便是孩子们最期待的。"用什么材质做树呢？""到底该把树种在哪里呢？"同学们议论纷纷。最后，为了让这棵树更加立体，枝叶更加茂盛，孩子们选择用皱纹纸做材料，把树种在了教室的东南角，因为这里的阳光最充足，窗外的风景最优美，更能够让这棵树融入自

然，融入孩子们的生活。从树根，到树干，到每一片树叶，都有着孩子们的心血。他们先把一张张皱纹纸扭成棍状，重叠在一起，做成树根，再向上延伸做成树干，最后将皱纹纸扭成片状，做成树叶。孩子们亲眼看着这棵树在教室里扎根、茁壮成长。"积极主动、以终为始、要事第一"是树根，帮助孩子们成为一个独立、能干的自己；"双赢思维、知彼解己、统合综效"是树干，帮助孩子们更好地融入集体，成为一位负责、成功的小公民。同时，"不断更新"像阳光雨露一样，每天滋润着孩

子们的身体、头脑、心灵……最后有孩子提议将自己的美术课作品——一个个美丽的小盘子贴在树上，象征果实。经过启发，更有孩子提出，画几只小松鼠贴上去，象征班级的孩子在"七个习惯"的滋养下健康快乐地成长。最终这棵充满智慧的习惯树在教室里扎根了，孩子们都十分喜欢、爱惜这棵树。

当然，好习惯的养成不是一蹴而就的，需要从点滴积累，需要在孩子的持久发展中看成效。至少，目前这棵树、这些教室文化让大家有了共同的语言、共同的期待。教育就是一场爱的旅行，进班如进家，只有每一位师生用心呵护这片土地，才能一起建设积极、健康、向上的班集体。

践行真：眼睛闪烁，可以传递你的思考

每个人的思考都藏在咕噜咕噜灵活转动的眼睛里。有了一双会思考的眼睛，就一定能够树立坚定清晰的目标，"以终为始"，"要事第一"，并为之"不断更新"。

亚里士多德说过："人生最终的价值在于觉醒和思考的能力，而不只在于生存。"只要思考周全细致，并付诸行动，目标就一定能实现。所以人生必须设立目标，并

全力以赴！

但制定目标绝对不能因一时兴起而隔靴搔痒。为了帮助孩子们更加切合实际、积极有效地制定目标，"亮睛睛"班开展了"让目标生根发芽"的系列活动。

1. 憧憬美好，制定目标

为了让孩子们对小学生活充满期待，班级首先进行了"打造心愿墙"的活动，这是一面神秘的心愿墙。开学初，孩子们在信纸上写下自己的心愿，放进信封里，贴在墙上。目的在于让他们有明确的目标，并为此努力，体现了"以终为始"的习惯原则。每个孩子可以写两个心愿，一个长期心愿，一个短期心愿。"根本不可能实现的心愿能写吗？""不能！不现实的心愿就是白日梦！""很宽泛不清楚的心愿要写吗？""不要！不具体的心愿也很难实现。"孩子们认真书写起来，一双双眼睛里充满着向往和期待，时不时还发出"噗嗤"一笑，仿佛看到了自己实现心愿的美好瞬间。有的写："希望我得'全优生'，然后爸爸妈妈假期带我去旅游。"有的写："希望同学们将来选我当大队长。"还有的写"我想当一名大学老师。"等等。写完，孩子们小心地把信纸塞进信封，郑重地签上了名字。

2. 放大期待，驱动内需

有了目标就有了明确的方向，但对很多孩子而言，却很难抵挡周围的各种诱惑，仍然容易偏离最初的方向。所以，老师让学生花时间为自己写一张最想得到的奖状，看看谁在期末时能得到自己亲手设计的奖状。

老师特意准备了漂亮的大奖状，发给每一位同学，孩子们郑重其事地给自己写奖状，设置的荣誉称号也五花八门："小小雷锋奖""全科状元奖""知耻后勇奖""最佳先进奖"等。放大孩子对目标的期待，想象自己达成目标的画面，可以激发孩子不断进取、实现目标的动力。

3. 签订契约，自我管理

现实与目标之间的差距，在于行动。最好的管理是自我管理，于是班级举行了隆重的"修身契约签订仪式"。

同学们借助思维导图，首先分析了自己实现目标的优势和困难，然后量身设计了应对的方法和奖惩措施，并做出了承诺。每个人上台宣读自己的契约后，按下鲜红的手印，在仪式感中给自己一份沉甸甸的承诺和责任。在孩子们郑重其事的表情、热情的欢呼声中，可以看出孩子们已经准备好了——不忘初心，努力前行！

4. 宝石积分，快乐打卡

打卡积分可以进一步激发孩子落实目标的热情。低年级的孩子对小宝石贴纸特别喜欢。于是，老师会根据孩子们的表现，给他们分发相应的小宝石和大宝石。孩子们的日常表现会以大宝石的形式贴在心愿墙的信封上，他们课间也常常来参观这面墙，数一数自己获得了几颗宝石，自己离目标还有多远，然后开心地大喊墙上的那句话："我为心愿而努力，我的眼睛最闪亮！"

5. 共同约定，互相监督

在心愿墙上，小组的信封被放在一起，小组的宝石数也一目了然，班级竞争的氛围越来越浓。各小组为了达到小组的目标，也一起做好约定，互相签字，用自己喜欢的方式增加约定的神圣感，有的握手示意，有的击掌为盟。另外，家长是孩子成长过程中至关重要的一部分，回家后，学生和家长制定了家庭合同，交流讨论自己的目标、策略、奖惩措施等，最后双方签字，有的爸爸妈妈还拍了照片留存。同伴和家人的榜样作用与协商督促，减少了孩子对自我管理的逃避和抵触，让孩子们在落实目标的路上更有信心和力量了。

感受善：眼睛无言，可以走进人的心灵

心里的秘密，眼睛会揭发。有了会观察的眼睛，我们才能够察觉考虑到别人的需求，具备"双赢思维"，"知彼解己"，最终实现"统合综效"。

"如果我希望别人举止得体，我必须先以身作则。如果我言行粗鲁，别人也将对我蔑视不屑。"教育中，最艰难的功课就是理解儿童。有爱的老师，才能走进孩子的内心。当学生的举动让自己烦躁时，与其怒吼和指责，不如坚定而柔和地看着他的

眼睛，走进他的内心，以礼相待。

仔细观察学生的一举一动，与他们进行沟通，你会发现孩子们的小眼睛的观察能力也不同寻常，他们的模仿能力远远超乎我们的想象。并且，哪怕自制力再弱的孩子，也需要别人尤其是同伴的认同。"小刘同学，你怎么还是在教室里奔跑打闹？这是很危险的。""可是刚才小张同学也在教室里追追打打了。""小王同学，你最近怎么总是大喊大叫，甚至打骂同学呀？""因为我实在被他气得受不了了，而且我惹妈妈生气的时候，妈妈也经常会骂我打我呀。"所以，对于低年级的孩子而言，学会找榜样至关重要。于是，"亮睛睛"班开展了一系列"取长补短我最行"的学榜样活动。

1. 唤醒善——榜样欣赏

在好习惯的课堂教学中，老师出示了一篇散文《学会欣赏一棵树》："一棵树，若花不好看，也许叶子好看；花叶都不足观，也许枝干错落有致；花叶枝干皆不中看，也许它生的位置很好，在蓝天白云的衬托下，远远地看起来，流露出几分美感。只要你肯去欣赏它，总可以发现它的美。"然后提问学生，从中得到什么启发？孩子们纷纷踊跃发言，得出结论：我们要学会欣赏他人，学会欣赏美。这里的"美"，不仅是"外表美"，更是"心灵美""德行美"……当孩子有了一双善于发现美的眼睛，他们便播下了"善"的种子，在这善良的心地里，一定会长出参天大树。

2. 选择善——榜样认知

做对的事情比把事情做对更重要。往往影响我们最终结果的不是我们的行动，而是我们最初的选择，是我们对"善"的定义的判断。所以，老师首先引导学生利用领导力工具来分析自己的优缺点，正确全面地认识自己。然后，根据自己的不足，在班级找一个"善"的榜样，在发挥自己优势的前提下，学习别人的长处，弥补自己的短处。

3. 效仿善——榜样学习

有了"善"的榜样，孩子们制定了专属的"完善计划"，老师要求孩子们的计划详尽、有针对性,要定出具体的方法策略和完成周期。小孙同学的"从善对象"是小周。他罗列了小周同学值得他学习的三个优点,其中一个是:能说会道和事佬。他的"完善计划"是:(1)每天坚持阅读三十分钟,并积累好词好句。(2)每天关注小朋友之间的纠纷,并公平友好地处理矛盾。(3)实在遇到难解决的问题,及时向老师报告。

4. 强化善——榜样延伸

有了行动后,更为重要的是总结与强化。提高他们的自我效能感,才能更上一层楼。

老师首先谈自我反思与总结的好处:"不会评价自己的人,就不会评价别人。很多伟大的人都经常反省,只有不断反思自己,才能避免原地踏步,进而不断向上攀登。"孩子们似懂非懂地点点头。老师接着说:"如果在学榜样活动的这段时间,你认为自己进步了,请你将好的经验写下来。如果退步了,也请你分析背后的原因是什么。"

孩子们认真地回忆起自己这段时间的表现。虽然有些想法比较稚嫩,但对于低年级孩子而言,懂得反思和认识自己,本身已是一种难得的成长。

三人行,必有我师焉。总结过后,第一轮学榜样活动结束了,这意味着班级即将开启新一轮的学榜样活动。哪里有进步和成长,哪里就有学榜样活动……

试验田里的守望者

小满小满，麦粒将满。芒种芒种，忙着收麦，忙着种稻。

伴随着儿童节和芒种节气的到来，天地的梦想试验田终于迎来了丰收季！

专案（PM）名称：校园种植

行动步骤

编号	工作事项（What）	主要责任人（Who）	完成日（When）	说明
1	初识校园种植	苏林冲 王蒙怡	2018.9.14	进行课堂常规教育，了解"校园种植"课程。
2	种植基地选址	王蒙怡	2018.9.21	综合土质、平坦程度、扩大影响力、光照、种植面积等因素在校园中选择种植区域。
3	开垦和翻土	高畅 陈锦华	2018.9.25	简单了解农具的演变历史，学会用不同工具进行翻土。
4	测量种植面积并规划	张如玥	2018.10.17	学会运用数学原理，进行实际的测量，算出种植面积，并根据小组平均规划种植面积。
5	认识土壤和改善土质	陈子康 陈何睿	2018.10.26	认识不同的土壤，了解校园种植土壤好的必要性，并使用土壤检测仪检测土质。
6	小麦播种	裴欣怡	2018.11.23	学会如何播种小麦。
7	小麦补种和日常养护	王歆雅	2018.11.30	学会给小麦补种，并进行除草、松土和浇水。
8	小麦施肥和日常养护	王心妍	2018.12.7	学会给小麦除草、松土、施肥和浇水。
9	观察小麦的拔节期	严语昕	2019.3.1	观察小麦拔节生长的现象，并给小麦除草、翻土。
10	观察小麦的抽穗期	陈锦华 陈子扬	2019.3.15	观察小麦抽穗、孕穗的现象。
11	观察小麦的扬花期	王天瑜 周芷悠	2019.4.19	观察小麦扬花的现象。
12	小麦丰收策划1	魏思远	2019.4.26	讨论小麦丰收事宜（如收割、脱粒、扬场、处理麦秆、晾晒小麦粒、加工小麦粉）。
13	小麦丰收策划2	杨奕琳 沈陈诺	2019.5.24	讨论小麦丰收事宜（丰收流程、人员分工、活动海报）。
14	小麦丰收	佘子芊 高畅	2019.5.31	联合全校师生代表，进行小麦收获。
15	小麦种植和丰收总结	陈锦华 王心妍 应乐	2019.6.14	总结小麦种植的心得体会，反思种植小麦收获、自己做得好和不足的地方，计算小麦种植的经济收益。

守望麦田

历时一年，试验田发生了翻天覆地的变化：选址，开垦，测量，规划，改善土质，播种，养护，结果，大丰收……从无到有，从荒芜到丰收，这期间的每一步都异常艰辛，无不挥洒着同学们辛勤的汗水。

试验田开垦时，同学们一锄头一锄头地刨，刨得腰酸背疼，手指都被磨破了；测量种植面积并规划时，同学们绞尽脑汁，反复讨论交流、实际勘测、修改方案；检测土壤，改善土质，向小麦投资，为它创造一个更好的

  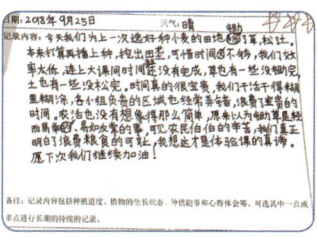

麦田选址的优缺点分析图　　学生正在开垦麦田　　开垦麦田的学生记录

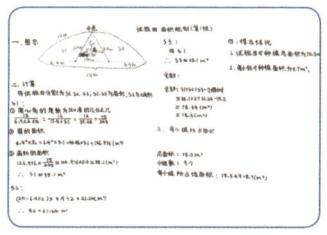  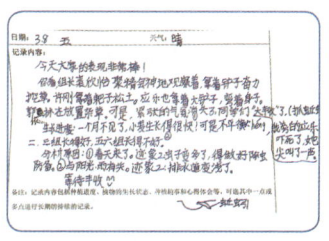

学生对麦田的种植规划　　学生正在对小麦进行日常养护和观察　　小麦日常养护时的学生记录

家；时刻关注小麦的生长，提供最好的日常养护；当试验田杂草丛生、蚜虫肆虐时，同学们一头扎到试验田里，用双手将杂草、蚜虫一点点从小麦幼苗周围剥离，腰都直不起来了……虽然困难重重，但选择坚持领导力的试验田小主人们以积极主动的态度关注自己力所能及的影响圈，认真负责、踏实肯干、及时补位。

对于翻地开垦，学生专注自己可控的影响圈

　　最艰难的是小麦结果的时候——麦粒还没完全成熟，就遭到了鸟儿们疯狂地啄食。眼看一年的努力成果即将付之东流，大家都心急如焚。最后，同学们集思广益，变废为宝，想出了用倒伏的麦秆制作"麦草人"的应对办法……

　　在麦田小主人们的悉心呵护下，小麦粒摇身一变，发芽，分蘖，越冬，拔节，孕穗，抽穗，扬花，灌浆，成熟……"豆芽菜""小野草"们脱胎换骨，变成了一片金色的麦浪。

准备开镰

为了迎接丰收，麦田的小主人们早早开始了规划。如何收割，如何脱粒，如何扬场，如何晾晒，如何处理麦秆，同学们明确分工，自主学习，再高效地进行分享和交流。如何高效收获，如何分工，如何扩大影响力，同学们交流讨论、协商分工、确定流程、设计海报。

为了提高效率，预防小麦收获时因出现意外事件而手忙脚乱，全班推选的6名小小领导人，专注重要事务，早早讨论了各种可能出现的情况以及应对的措施，以防患于未然。

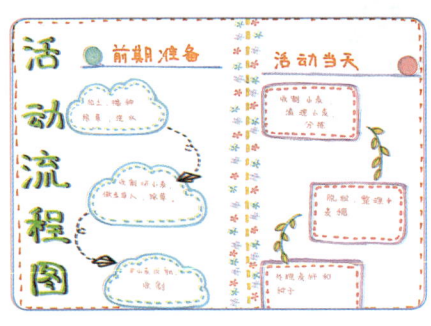
学生讨论和设计的小麦丰收流程

学生设计的小麦丰收的海报

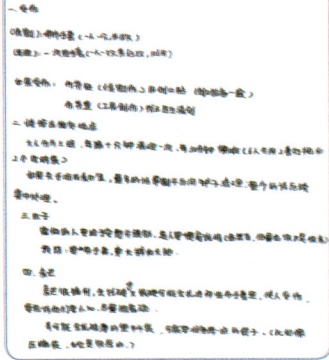
六名小小领导人协商的小麦收获时可能出现的意外事件和应对措施

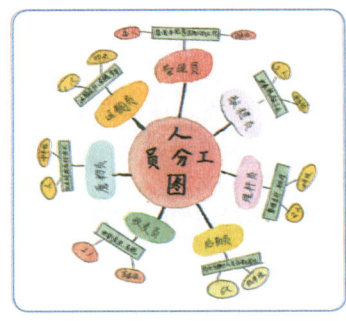
学生讨论和设计的小麦丰收的人员分工

丰收，也意味着告别。为了这场正式而隆重的告别，也本着双赢思维和扩大影响力的原则，"校园种植"体验课的孩子们邀请了全校的师生代表，一起参与和见证这一收获时刻。

麦田丰收

"我们组的任务是扬场,用自然风或电风扇把小麦的芒吹走,留下的干净麦粒才更便于储藏和加工。""镰刀有锋利的锯齿,一定要非常小心!人要离得稍微远一点,收割力气不要太大以免划伤。""脱粒时,要尽可能地把麦穗上的麦粒脱干净,才能做到不浪费"……

学生提早进行海报宣传和预热活动

在6位小小领导人的引导和培训下,同学们以终为始,分工合作,你收割,他扬场,我捆扎。同时,当自己的任务完成时,同学们自觉发挥着主人翁的意识,取长补短,及时帮助其他小组,团结高效,有秩有序。

收割组正在麦田里收割小麦

扬场组利用电风扇扬场,去掉麦壳,保留麦粒

捆扎组叠起的高高的麦秆

脱粒组在高效快速地进行小麦脱粒

果实香甜

有孩子在麦地里发现了一只小蛙;有孩子发现嚼嚼麦秆,啃啃麦子竟然很甜;还有孩子发现麦秆和哨子很像,准备做只麦哨。大自然总是蕴藏着无数奥秘,馈赠

着孩子们的辛勤付出。

　　小小试验田，是孩子们梦想的开始。"人人都可以是领导者，共同守望我们的试验田"的"观"决定了孩子们积极规划、自觉守护、主动分享的"为"，进而决定了小麦大丰收、孩子们统合综效的"得"。麦田有梦想，麦田有知识，麦田有创造，麦田有力量！

　　小麦收获了，但天地的试验田故事并未结束，青菜、油菜、向日葵等多种植物继续在这片希望的土地上生根发芽，花开花落，与试验田里的守望者们一起谱写着人与自然的精彩篇章。

小悠在麦田里发现了一只小蛙

统合综效

　　丰收后的小麦会怎样呢？天地伢儿的小小脑袋里，有着不同的想法。爱美食的小郭同学想着麦粒可以怎么磨粉，怎么做面包；爱动手爱科学的小华同学想着这些作为"其他垃圾"的麦秆可以怎么处理；爱美术的小芮同学想着如何将收获到的麦秆和麦芒融入艺术的味道……

　　于是，梦想麦田前面就又多了几张桌椅，更多的天地小松鼠们在美术老师们的帮助下创作着麦秆画和鸟巢，在体育老师的帮助下绑扎着麦秆人。

学生们制作的创意麦秆画

春天里的数学节

LEADERSHIP

杭州天地实验小学的"数学节"已经举办四届了。学校通过活动让学生体验"数学有趣好玩",鼓励学生积极参与。数学节活动设计既保证人人参与,又能为有一技之长的学生搭建展示平台,让学生在有趣的数学活动中感受数学带来的快乐,玩出思维性,玩出研究性。活动还具有可延展性,可延续到孩子们的日常数学学习活动中去。

给数学节的信

每届天地数学节结束,大家都意犹未尽。春意渐浓,万物生长的季节里,"给数学节的信"特别有意思。

> **一二年级的同学说:**数学节的口算接力赛太让人兴奋了,让我眼力快、算得快、跑得快!我还代表班级参加了魔尺的决赛,虽然很紧张也很难,但我学会冷静地攻克难关,最后得到老师和同学的鼓励,很开心!
>
> **五六年级的同学说:**今天,我们迎来了杭州天地实验小学第二届数学节,今天的活动丰富多彩,其中,我最喜欢个人达人秀。
>
> 我们是在小剧场进行比赛的,魔方打乱后,我仔细地观察了一下打乱的程度,并想好第一步该干什么。

"开始"，老师一声令下，所有选手们飞快地转起了魔方，场馆里静得只有转动声。

突然，在第三十秒时，一个选手竟完成了还原，高兴地走向了胜利者的队伍。我开始加快速度。

随后三十秒，又有4位同学完成还原，在一分钟整时，一个同学大喊"好了！"向队伍冲了过去，我也不甘示弱，在后来的1秒内也还原了魔方。

这次虽然没有进入前五名，但是，我很享受这个过程。

下次数学节，我也许已步入初中，但我真心希望杭州天地实验小学的数学节可以越办越好，让身为杭州天地实验小学一员的同学们快乐。

老师们说：数学节以"情境任务解决"为载体，将数学知识、能力融入游戏、实践等活动中。让学生尽情地亲近数学、展示数学、畅玩数学、描绘数学。

在动手活动中，孩子们感受着面在体上，体不离面，平面与立体之间的联系，进而体会体与体、面与面的关系。建模的过程帮助学生直观感知平面图形这个抽象的概念，同时丰富想象力。当然，大背景下这种动手操作的意义远不止于学科，还有学生的动手能力、协调能力、合作意识、创新思维等等。

家长们说：原来，自己的宝贝都如此渴望拥有自己的绝招，或成为口算小能手，或成为创意小画家、游戏达人……更想登上天地小剧场舞台大展拳脚，打破吉尼斯，秀出自己的独门绝技。孩子们多么期待下一次的数学节！

天地的数学节将生活元素、童趣欢乐、艺术科学有机地融合，使数学变得更加鲜活，同时也锻炼了孩子的心理素质。

那这么有趣的数学节有哪些"王牌项目"呢？

数学节Logo设计

为了创造属于孩子们自己的数学节,落实"我的数学节我做主"的理念,发挥孩子们的创造力和自我领导力,数学节的Logo设计给他们提供了一个自我展示的舞台。一起来看看孩子们的作品吧!

10个数字是组成数的基本元素。三角尺、直尺、笔和橡皮是数学作图的常用工具。算盘是古代计算最方便的工具,百分号是生活中常见的数学符号,加减乘除组成了一个个不同的算式,使10个数字变活了。圆周率是我们接触到的第一个无限不循环小数,这个小数里面蕴含着许多的数学韵味。整个Logo包含着数学的乐趣、知识和伟大的发展。(507班李美沂)

直尺代表的几何学象征着数学无尽的想象力;运算符号则代表着数学世界的变化无穷;符号单位昭示着数学无比严谨的逻辑思维;小朋友像小树苗一般汲取着数学的养分茁壮成长为未来的数学"博士"。多元化的运算符号和数学工具,构造了变化无穷的数学世界,让我们一起发挥无尽的想象力,遨游在这神奇的海洋中。(502班李非寻)

我的设计灵感来源于和我们小学生息息相关的学习用品——三角板、铅笔，它们是我们学习数学的好伙伴，有了它们的帮助可以让我们更好地认识几何世界。数字6和铅笔组成"六一"，代表着对数学有浓厚兴趣的小学生们，而旁边的齿轮在督促我们每天努力学习。顶层的加减乘除符号象征着数学知识像海洋一样需要我们不断地去探索，而下面构成画面平衡的是数学的英文MATH，给整体Logo带来视觉平衡。（504班徐欣蕾）

计算接力赛

纯粹的计算，难免让学生产生疲劳。数学节的"计算接力赛"尝试将数学与体育相结合，不仅是考验学生们的计算能力、运动能力，更是检验团队合作、统合综效的好机会。比赛时，孩子们有效配合、积极主动的模样，是"七个习惯"在天地生根、发芽、开花、结果的最好体现。

你看，这个班级的孩子，在比赛开始前就进行了人员安排，计算力强、跑得快的优先，拉开班级之间的差距，而实力一般的安排在中间段，即便可能落后，还有最后冲刺的优秀选手呢，胜负未分，仍有希望进入前三名。一场数学接力赛，孩子们有目标、有计划，有协作、有配合，真正是让人感叹，学生们的自我管理能力、团队合作能力不容小觑。

挑战吉尼斯

这是一场各班小达人之间的终极PK赛。PK的内容是各年级组的特色内容：一年级的百变魔尺、二年级的巧板巧拼、三年级的巧算24点、四年级的数独、五年级的汉诺塔。手脑并用，将数学知识与数学能力外显，每一次手指的滑动、魔方的运转都让我们真正看到学生的智慧飞扬起来。

早在数学节之前，三年级的孩子们就开始巧算24点的训练，不管是在学校还是在家里，孩子们都沉浸在数学的世界中，认真思索数字的算法，积极主动为数学节的到来做准备。赛场上，孩子们努力思考，绞尽脑汁想要算出24的样子，那样专注，那样认真，让人忍不住动容：学生的无限天赋，自我领导，确实是可圈可点。

数学节的意义

数学家罗素曾说过："数学不仅拥有真理，而且拥有至高无上的美。"在数学节前，每个学生就利用一个假期准备了一幅数学节相关作品，等待头戴手绘数学帽，奔赴天地数学文化盛宴。你看，年历的制作多么有想象力：十二面体、星座与节气的数形结合。你瞧，数学趣味游戏长廊，里面的游戏设计多么富有创意。还有那美丽的Logo设计，让你体会数与美的完美融合。

在数学节里，你会惊讶于天地孩子的协同合作、互惠双赢；你会欣喜于每个孩子的发展潜力和独特的自我天赋；你会赞叹于"自我领导力"的润泽让每个天地学子都懂得"尽力就是完美"的真谛。

小小演说家
说出我们的宣言

LEADERSHIP

  时间在指缝中流走,成长在四季的更迭中悄然发生。孩子们在成长的舞台上需要被看见,也需要被倾听!天地的孩子在领导力的引领下,练就一副好口才,各个妙语连珠、能说会道,以"演说家"的姿态讲述着自己的领导力成长故事。

  提及演说,它集智慧与勇气于一体,是综合的艺术。其中有写作、有表达、有演绎、有仪态、有互动,有语言的艺术,有舞台的展示,有临场应对的机敏,还有互动控场的领导力。但是天地的孩子们在"人人都是领导者,人人都有潜力"的理念下,无所畏惧,突破自我,走向国际,舞台上的他们发光发热,张扬个性,勃发出自信与朝气。让我们重回现场,听听天地的孩子与领导力之间的故事!

镜头一:校内演讲比赛——我是"小小演说家"

  人间最美四月天,对杭州天地实验小学五年级的同学来说,这个四月是那样的与众不同。学校举办了以"对自己最重要的领导力"为主题的"我是小小演说家"比赛。这是学校最具人气和语言魅力的一场活动。五年级学生、选手家长以及评委等坐满了剧场，荧光棒、选手灯光牌等早已备好，16位经过初赛、复赛比拼，最终进入决赛的选手，各个摩拳擦掌，跃跃欲试。

1. 比赛掠影

他们在家长的陪护和亲友团的热情助力下，先后登台演讲。或聚焦积极主动，讲述自我成长蜕变的故事，或探讨双赢智慧，在历史与现实中寻找案例，或分解要事第一，在学习与生活中选择前行，或综合"七个习惯"，在天地之间快乐成长……16个小小"演说家"，自然优雅的台风，流利铿锵的演说，飞扬动人的文采……思维的严谨、眼界的开阔、语言的准确、知识的丰富，都在短短几分钟的演讲中显露无遗。

雨菲同学没有因为第一个上台而胆怯，相反，她是那样的优雅大方，讲述双赢互惠的故事时，圆溜溜的大眼睛闪烁着迷人的光芒，让人忍不住喜欢；一诺切合自身真实的成长与感悟讲述"积极主动"带给她的变化，让台下的观众为其胆识与突破鼓掌；子越娓娓道来，通过两个大家熟知的小故事，让我们看到"以终为始——树立清晰的目标，找到正确的努力方向"是多么必不可少。现场精彩纷呈，他们自己或许都未曾想到，那一刻的他们是那么美，甚至比他们心目中的榜样做的还要好。演讲过程中，爸爸妈妈们也被请到舞台中央，对孩子们今天的表现进行点评。家长们都表示，孩子们的表现非常棒！孩子们今天的蜕变与成长，带给他们的是无尽的感动与惊喜。现场手舞荧光棒，为小小演说家们不停呐喊助威的同学更是给台上的演说家们送去许多鼓舞和力量。有的同学甚至忍不住在休息环节抢话筒，为他们心中的榜样加油！

2. 成长延伸

演讲结束，评委一一点评，为孩子们的表现点赞！校长总结发言时还不停地赞扬道：进步怎么会这么大！她对孩子们今天的表现很是欣喜。最后，她用"好听、好记、好用"总结好的演讲标准，并以"胆声情识，手眼身步"八个字就同学们今后演讲的努力方向提出希望。

这次演讲比赛圆满落幕，不仅让孩子们切身体会到了舞台的魅力，锻炼了语言与舞台表现力，同时也加深了他们对这半年多"自我领导力"学习中"七个习惯"的认识与体会。天地大舞台，台上有大我。只要有梦想，有努力，有坚持，舞台就一定会延展到你梦的方向，映照出最美的你！

镜头二：国际演讲比赛——世界聆听我们的声音

人人都是领导者，天地的孩子怎惧国际舞台？小小的身体，大大的能量！杭州天地实验小学受邀参加2019年LIM国际学生演讲大赛。本次大赛是世界上规模最大、最激励人心的学生演讲比赛，由50多个国家领导力学校5~19岁年纪的学生参加，鼓励学生以"对自己最重要的领导力"话题为主题，讲述自己与领导力的故事。

1. 赛程回顾

为了寻找最真挚的声音、最可爱的面孔、最能代表领导力文化的故事，天地组织了一系列活动：三年级开展"好习惯征文大赛"，五年级开展演讲比赛。通过活动，最大可能承载领导力文化的"融通"与"内化"，体现孩子们所感所悟，渗透人文底蕴、科学精神、学会学习、健康生活、责任担当、实践创新等维度，每一帧画面都是可触及的美好情景。当习惯故事、班级故事、家庭故事纷至沓来之时，天地人追问：什么是天地的故事？什么故事可以展现天地人成长的风景？最终，他们选择"天地女孩"汪恬乐和"天地男孩"汪阅晗。

2. 演讲故事简介

女孩故事——《以终为始，我能行》：舞台上，7岁的汪恬乐讲述了自己在父母的影响下坚持登山，"七个习惯"像好老师一样鼓舞她做出正确的选择，从而解决遇到的问题和困难的故事。积极主动，以终为始，要事第一，双赢思维，知彼解己，统合综效，不断更新是她成长的钥匙。

男孩故事——《尽力就是完美》：9岁的汪阅晗讲述自己学习"七个习惯"，利用领导力工具，寻找管理道具的方法的故事。

他们用朴素的文字，灵动的肢体语言，诉说着自身的改变，传递了领导力下的成长快乐。功夫不负有心人，两位同学最终获得5~10周岁年龄组冠军。

爱弥儿电影节里的倾诉

电影，于我们而言是欣赏。

电影，于我们而言是创作。

电影，于我们而言，也是一种生活。

在杭州天地实验小学的校园里，有这样一群对生活、对美好、对影像有着执着追求的人。他们用笔尖记录校园故事，他们用镜头定格生活美好，他们将校园里的时时刻刻细化成胶片里的分分秒秒……

终于，在这一年的六一节，一切流光溢彩，以一场"爱弥儿电影节"华丽绽放。

戛纳、釜山、金马、金鸡……世界上哪一个响当当的电影节不是时常被人们提起，津津乐道？要知道，每一届电影节的背后，都是成千上万电影从业者的心血努

力。一个小学，要办一届电影节，还要做到"班班有影片，人人都参与"，这，真的不是天方夜谭吗？

六月的天地校园，给了你一个肯定的答案。

教师灯塔团队早早召开了电影节的筹备会，希望充分利用"七个习惯"中的各项领导力工具，让电影节的筹备工作更为井然有序。学生灯塔团队的成员自主成立电影节的筹备委员会，充分运用"PM表"，制定了详细的电影节筹备方案，并且明确分工，让电影节的每一个步骤清晰可见。

这是天地的一个创新，更是小学教育界的一个创举。开设微电影课程，并使之成为"浙江省义务教育精品课程"，微电影团队的师生充分发挥了"七个习惯"的"积极主动"和"统合综效"这两项基本原则的效能。在爱弥儿电影节的筹备过程中，天地的师生团队更是将"七个习惯"的各个习惯充分进行结合、发挥。

要举办电影节，将这门看起来高高在上的"第七艺术"变得"亲民""可触"，就要将欣赏电影的"艺术"和创作电影的"技术"普及给天地的每一名老师，每一位家长，每一个孩子。

为此，灯塔团队的老师们积极发挥"以终为始"的思维。先设定要达到这样的效果，再结合思维导图，通过"头脑风暴"，来将这期间的步骤细化。于是，电影创作讲座、纪录片拍摄分享、亲子电影观摩沙龙……一个个贴合学生实际，适合不同年龄层学生、家长、老师参与的活动，就在这"你一言、我一语"间丰富了起来。

终于，在前后历时近一个学期的精心策划和筹备后，全校共42部微电影在六一节精彩呈现！每部电影的主创人员，电影的小主角，幕后的编剧老师，辛勤的家长代表，还有各路大咖齐聚天地校园，共同见证"最佳影片""最佳编剧""最佳男主角""最佳女主角"等近10个类别、50余个奖项"花落谁家"。

精彩的"爱弥儿电影节"，在42部影片精彩片段中，在一曲曲经典的电影插曲中，在一段段充满深情的获奖感言中落下了帷幕。这是一场微电影的盛会，这是一次天地人的狂欢，更是"七个习惯"在天地这片沃土扎根、发芽的最佳展示舞台。

有了精彩的活动，最为重要的"参赛影片"又如何一一出炉？每个班级的灯塔家长代表在参加了学校的"电影创作分享会"后，运用领导力工具中的"流程图"，

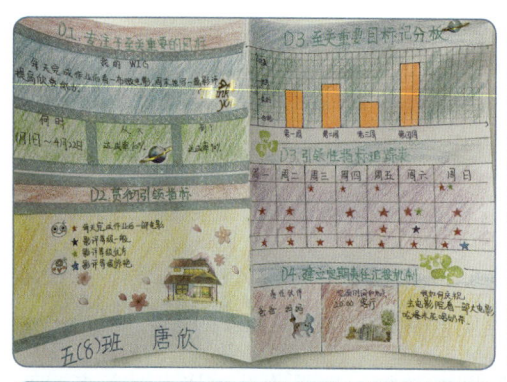
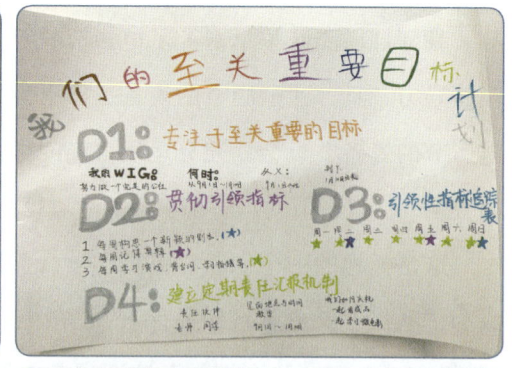

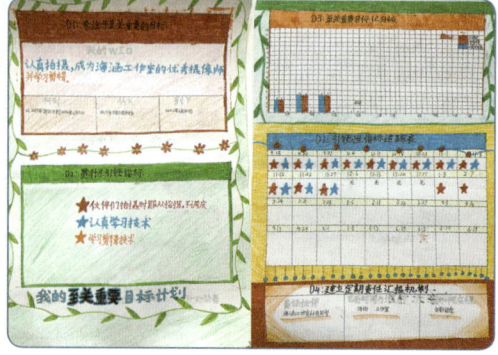

将电影制作的步骤和所需要的工具清晰明了地呈现于图纸上。这样直观可视的方法，不仅大大缩短了班级电影拍摄和制作的时间，还让第一次创作电影的家长和孩子们觉得电影的创作不再仅仅是专业人士的"专利"。原来，每一个人都是生活的主角，每一个人都能创作属于自己的微电影！

天地领导日
做最好的自己

LEADERSHIP

2018年12月29日，天佑天地，在冬日最明媚最温暖的阳光下，"做最好的自己——天地领导日"活动圆满成功。在这个基于角色体验的领导日活动的背后是能力的考量，品性的滋养，修养的提升。

直击天地领导日活动现场

蕴华流转，穿过了细雨绵绵的春，走过了烈日炎炎的夏，迈过了硕果累累的秋，在2018年白雪皑皑的冬天，你依然能看到春天的繁盛，夏天的热情，秋天的丰收。因为天地，正在进行着"做最好的自己"领导日活动呢！

人人有岗位

在这次活动中，每个孩子都有属于自己的岗位，你可以看到他们胸前挂着的胸卡，上面清楚地标注着他们的职责。与艺术、生活、科技、习惯相关联的50个项目

的展示，都是孩子们在进行讲解、接待、拍摄、记录……从一年级孩子的义卖，到其他年级的O.W.N剧场、美趣工艺、定格动画、移动光影等，一切的项目都由孩子来组织、负责。

在领导日活动中，孩子才是主角，是活动的主人。而活动中的每一位来宾都是孩子的"贵客"，让孩子有机会在一种真实的情境中，学习做学校真正的"主人"。

让天赋自由

嘉宾手中拿着的是孩子们亲手绘制的校园地图，胸前佩戴的是孩子们独立设计的名牌，整个领导日活动，让全校的师生都努力去实践思维的转换——真心相信每一位孩子都是领导者、全力发掘每一位孩子的天赋才能、积极练习"授能"及"赋权"，为每一位孩子提供展现天赋、发挥"自我领导力"的机会。

放手与放心

领导日活动中，一切都放手给孩子们。从策划、准备、设计，到绘制、布展、服务，都由学生做主。所以，你会在天地的校园里看到：学生做校长宣布活动开始，学生做引导给来宾进行讲解，学生来开新闻发布会，学生来颁发小小领导人证书等等。

回顾天地领导日活动筹备

早在一个月之前，孩子们就开始认真筹备了，准备的过程是领导日很重要的一部分。

| 讨论策划 | 角色应征 | 制作名牌 | 手绘海报 |

| 手作物品 | 仪表仪态 | 练习惯操 | 情感账户 |

| 领导力工具 | 领导日手绘地图 | 领导日环境布置 | 手绘证书 |

我们可以看见，在领导日活动的筹备过程中，每个人都浸润其中，发挥着自己的作用。因为天地的师生和家长有这样的信念：领导力是一个选择而非一个职位，人人都可以是领导者！在这个基于角色体验的领导日活动中，有双赢思维下的双赢设计，知彼解己式的合作，积极主动的操练……正是这样的一个筹备过程，让天地人共同见证了孩子们对"自我领导力"的理解和实践。领导日活动，让孩子们展现最好的自己！

家长灯塔 助我们前行

LEADERSHIP

父母是孩子最好的老师，家庭是孩子成长的摇篮。我们不能忽视家庭教育在孩子成长中的影响力，不能小觑家长对孩子的影响。因此，我们更希望家校合力，共同走好"改变"这一步，让孩子成为更好的自己。2019年3月1日，天地成立家长灯塔团队，建一座灯塔，助我们前行。

转换思维，改变由我开始

如果你只想让生活发生相对较小的变化，你只需从行为入手；但如果你想取得非凡的、巨大的突破，那么请从思维开始。来自马来西亚的全球首位"自我领导力"教育讲师麦健喜先生与家长们共同探讨孩子们"观—为—得"的模型，详细阐述了"七个习惯"的思想、实践和结果。

灯塔团队的成员们投入地讨论起灯塔团队的愿景和使命，大家纷纷为之贴上了"辐射""实干""表率""桥梁"等标签。

团队成员每个人都收获了一份秘密武器——高效能人士的执行四原则。我们用"七个习惯"与执行四原则加速家校共育！

班级讲台，分享从未停止

在家长灯塔团队的引领下，每个班级的领导力活动，都充分地将家庭与社区、家庭与学校的领导力学习完美地结合在了一起。

自2019年3月1日，天地家长灯塔团队成立以来，这个团队就以由内而外的动力一次次地将规划和执行如浪潮般推向尖峰。各班的家长学习组纷纷开展学习、记录、分享，自发开展线上线下的再学习，轮流讲述"七个习惯"的理念和受益感想。天地希望每一个学生，每一位家长，都在"4DX"的学习活动中受益。

> **204班唐博涓妈妈说：**我们班级为小朋友们特别设计了一个"我的小花园"，每周一有计划，每天有记录，周末有总结，真正做到4DX，是对"以终为始定目标"的实践。我们班级还有一个"一零诗的梦"公众号，"筑梦团队"的成员既有老师，也包括实力写手葛馥妈妈、金牌主编钟天泽妈妈和金牌编辑石凌妈妈这群家长团队。目前，我们设有"7个好习惯主题""学校活动主题""班级活动主题"和"特色活动主题"四个专栏。我们愿意，用爱和坚持为孩子们筑梦，用"七个习惯"的营养为孩子们助力。若干年后，当我们回顾孩子的成长时，能够有迹可循，有图可看。我想，这也是"家校共育"的本意吧！

2019年5月25日,《快乐儿童的7个习惯》和《杰出青少年7个习惯》的作者肖恩·科维先生来到天地。在办公楼一楼大厅,满满一个大厅被家庭领导力分享展板铺满,各班在学习规划中运用4DX原则,设计了形式各异的记录、过程的展现。每个班级、每个家庭的小讲台,都一直不停地在进行"自我领导力"的学习和分享,让人振奋。肖恩先生不住地说,家庭动起来,学校才动起来!天地的家长灯塔团队太棒了!

家长课堂,教育无处不在

2020年这个特殊的寒假,家庭成为孩子们学习的主场,家长成为孩子们最亲密的老师,家庭教育成为助力孩子成长的关键力量。家庭课堂,教育无处不在。以下是我们的家长在疫情期间记录的家庭教育故事。

1. 遇问题,独立解

发展心理学专家埃里克森认为学龄期的孩子,要重视能力品质的获得。因此在学龄期,家长和老师都要鼓励孩子学会解决问题。

> **故事一**
>
> 爸爸给她在iPad上下载了钉钉注册了他的账号带去爷爷家,但是考虑iPad太小损伤眼睛,又让孩子自己在爷爷的电脑上下了钉钉注册了妈妈的账号。可是爷爷家的电脑声卡坏了,第一节课就是她自己想的办法,看着电脑听着iPad的声音,这样也不错。
>
> ——507班郑语涵妈妈:吴菊香

> **故事二**
>
> 每次谁要吃荷包蛋,不管是早餐还是午餐,都由他负责制作。教他煮水饺,他边看边模仿,并跟我一起探讨科学的沉浮现象。从水饺到拌面再到淘米烧菜,儿子体会到劳动的付出,愿意分享劳动成果,更会主动帮助我承担家务。
>
> ——508班赵泽睿妈妈:陈晓瑜

2. 按规划，自律学

孩子如果学会自律、学会自主，那么学习效率就会大大提高。那么，我们的家长是如何帮助孩子成为学习小主人的呢？

故事一

在我们的共同商讨下，你的"自我领导力"笔记本中增添了一份"君子协定"。孩子，因为网课，妈妈把钉钉、微信、iPad都交给你了。钉钉、微信同时也是妈妈工作的工具，你只要关心你的班级群就可以，QQ里有事情，妈妈会提醒你。家里的电脑从来不设置密码，是我们共同的学习工具。妈妈希望你能约束好自己，你负责做一个自律勤奋的学生，我负责做一个温柔的妈妈。

——506班赵艺涵妈妈：裘仙娣

故事二

每天一大早孩子就会起床（孩子自己提出起床时间按正式开学的时间执行），我也会提前起来，按上学时的习惯为孩子准备早餐。我在厨房忙碌，孩子在阳台读书。一切按孩子上课的时间计划有序地开展着，晨读、网课、课间锻炼、家务活动、课外阅读、疫情关注……

——604班徐欣蕾妈妈：廖晓春

3. 学榜样，树价值

李兰娟院士发声，希望年轻一代树立正确的人生导向和正确的人生价值观，为日后长大成材奠定基础。

故事一

当我表扬他这段时间进步很大时，他告诉我钟南山爷爷是这样说的："我相信你们会好好利用停课不停学的这段日子不断学习，用知识缝制铠甲。不远的将来，当你们走入社会，各行各业都将由你们披甲上阵。你们是未来的接班人，希望你们好好学习，投身于祖国的建设，不惧艰辛，勇敢前行。"所以他也要做一个对社会有用的人。作为家长，我很欣慰孩子在学校老师和我们家长的共同教育下，有一个让我们国人共同尊敬的榜样，有一个正确的人生价值观。

——507班何晟妈妈：鲁杭

故事二

女儿很钦佩84岁的钟南山爷爷、73岁的李兰娟奶奶，在赞叹"国士无双"的同时，我试着去启发她进一步理性思索：如何才可以去做一个有担当、有力量的人？经过反复讨论，我们认为：除了赤子之心、热忱之情外，一个人还应有本领、有见识、有决断、有能力。女儿同样很钦佩身边的平凡坚守者们，保安叔叔和志愿者阿姨，她倾其所有，自制了一份"爱心零食充电礼包"，让我代为转交。我给疫区捐款时，她坚持拿出部分压岁钱，聊表心意。她在日记里写道："这个世上，没有一个人是孤岛。所以，正如海明威说的，不要问丧钟为谁而鸣，它就在为你我而鸣。我们的责任是一起守护美好家园。"

——201班胡霁月妈妈：吴幼叶

4. 同陪伴，促成长

人们都说父母是孩子最好的老师，父母对孩子的教育作用比学校、老师的作用更为重要，足以影响孩子的一生。

故事一

女儿在听Prince的《Gold》时，除了喜欢它的旋律，还发现里面有放礼花的音效。我翻了MV看了下，还真有！我被孩子敏锐的感受力惊到了，忽然就想到了记载苏格拉底对话的《美诺篇》的小男孩。《美诺篇》不仅是关于知识之间的首次讨论，也是对发展心理学实验的首次记录，我为女儿对事物的敏锐感受而感到欣慰。

——201班金诺一妈妈：王黎明

故事二

在去医院的路上,我忍不住质问儿子:为什么妈妈脚扭了,这么痛,你却一点也不关心妈妈,只顾着看电视?儿子听了我的控诉,默默地流泪。回到杭州那天,儿子主动拎起车上的行李箱,又忙着开吸尘器除尘。爸爸复工之后,这几天就要儿子跑上跑下了,拿快递、取外卖、帮我把烧好的饭菜端上桌。有一次我嫌他作业做得慢,小伙子一边吸尘一边开玩笑:那是因为他要伺候瘸腿的老妈呀!

——507班陈灼妈妈:吴劲燕

家长们分享的成长小故事,反映了孩子们的点滴进步,也反映了家长对教育的理解——教育不仅限于知识,课堂不仅限于教室,家庭教育从不缺位!我们相信,浸润了领导力的家长课堂必有一番不凡的家庭教育新样态。孩子们在这样的陪伴与引导下,定会收获别样的精彩人生!

学生灯塔
做校园的小主人

LEADERSHIP

灯塔是怎样的？高大、正直、挺拔，良好的品格支撑起灯塔的形象；坚持、努力、散发光芒，不懈的追求指引航船的方向。杭州天地实验小学的学生灯塔团队自2018年10月成立以来，一直努力提升自我，服务他人，做校园的小主人。

竞选竞聘，使命召唤

2018年10月的竞选竞聘会非常特别。竞选前，他们早早准备了PPT、背景音乐等材料，在家中反复练习。竞选当天，孩子们抛开紧张，自信地展示，充分运用领导力的理念讲述自己成为大队委员后想做的事情，以亲身经历为例，希望能带动全校同学一起积极主动地去制定目标计划，脚踏实地地践行。

竞选现场，候选人们还随机分成小组，抽取关于"七个习惯"的话题，绘制海报、排练节目，合作完成一次展示。他们都是竞争对手，但同时又是合作伙伴，利用双赢思维各展所长，将舞台打造得精彩纷呈。他们还以演讲、才艺展示、提案建议等多种形式竞选自己心仪的岗位。许多满怀理想、渴望舞台的孩子们通过自己的努力成为了学生灯塔团队的一员。

在历经近一个月的自主报名、推荐、笔试、选举、投票、公示以后，天地实验小学新一届的学生灯塔团队正式亮相。

赋能授权，志愿上岗

学生灯塔被赋能授权，对自己的个人品格、领导力、学业表现负责，并积极在各方面影响他人，做好领导者。在整个团队中，设有主席、副主席、部长、委员等岗位，分有组织部、学习部、宣传部、文艺部、体育部、劳动部、纪检部、礼仪部等八个部门。孩子们依照自己的特长爱好和能力取向填报灯塔领导岗位志愿，在八大部门组织架构中，施展自己的领导力，做好自己，服务团队。

在确定好岗位后，灯塔团队进行了第一次的全员培训。全体灯塔学生按照部门分组讨论，确定了自己的岗位职责和接下来的提升目标。

如果有相关的议题需要讨论，学生灯塔主席会在大会议室发起全体会议，所有灯塔学生将会分组讨论，提出自己的建议，最后形成一个有效的初步方案递交给学校。

2018年12月29日，一个天地最难忘的日子，天地的小伙伴们统领了"天地领导日"活动，展现了自己的天赋与才能。通过自我推荐参与竞聘和民主投票，学生灯塔主席汪宜霖成功获得了当日的"校长"这一职位。1775个小主人，1775个角色岗位，1775位小小领导者，在他们的带领下，此次活动圆满成功。

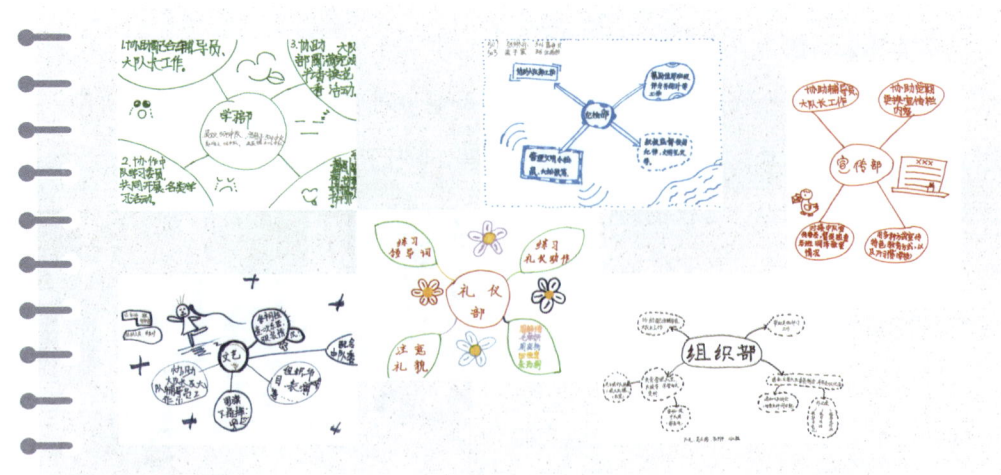

做好本分，服务他人

周一至周五8点整，操场上总会奏响嘹亮的国歌声。六年级国旗队的同学伫立在国旗杆下，在风中、阳光里投下挺拔的身姿。下午放学时间，国旗又会徐徐降下，回归存放室。突来的细雨降临，只见几个孩子疾速向国旗杆奔去，用最快的速度降下国旗，紧紧护在胸前，送入存放室。存放室的钥匙在六年级国旗队成员的手中传递，将国旗队的责任与精神传递。

每周，孩子们最期待的莫过于：上周我们班有没有获得文明小松鼠呢？当大家经过橱窗时，发现小贴纸已经稳稳当当地贴在了自己班的格子里，当晨间集会时，听到主持人口中播报到自己的班级，或是当课间休息时，有同学送来一只文明小松鼠，这样的欣喜总是给人以信心和鼓励。而这些工作的承担者，正是学生灯塔团队纪检部的一群小小领导人。他们牢记每周一中午的工作时间，及时统计、汇总上周的扣分情况，并反馈到公示橱窗中。有疑问，就请教；有困难，就沟通。这就是他们的工作常态。

进入学生灯塔办公室，首先映入眼帘的就是一排整齐划一的储物柜，上面贴着各个组织部门的标签，组织部、宣传部、纪检部、学习部……这些全都出自于各个小领导人的手笔。每个储物柜中储存着孩子们整理的该部门的相关物品，每一位部门成员都清楚，并且参与管理这些物品。

如果需要布置橱窗，宣传部会从柜子中找到各种配饰、材料；如果查阅扣分情况，纪检部的柜子中资料叠放得整整齐齐；如果……所有的要求只要寻求学生灯塔成员的帮助，都能够得到解答。只要向部长们登记，就可以借得活动场地，组织班

级活动。

长长的假期即将来临,安全问题可不容忽视。有同学提出建议,利用我们的宣传阵地爱弥儿电视台拍摄一个安全教育视频。学生灯塔团队的几位部长便马上进行了讨论,最终确定四个方向、四个分组的拍摄。

紧接着,四位组长就开始了紧锣密鼓的工作。"小烁,我们组要出演的是马路上的场景,你来演路人甲怎么样?""小涵,我们组约的拍摄时间是1月26日下午两点,我们一点半到演播室集合再排练一下吧!"……拍摄当天,学生灯塔们准备充分,信心满满,高效、精彩地完成了视频短片的表演,最终呈现给全校同学们一堂生动而有意义的安全教育课。

学生灯塔们是校园的小主人,每当有外宾来访,他们必是第一个站出来说"老师,我们负责引导。"他们自信大方,侃侃而谈,把天地校园的快乐故事分享给所有人,将自己浸润在这校园中成长的所得毫无保留地展现。

社区服务 温暖自己

LEADERSHIP

在天地校园中，润泽领导力生长的除了学校活动、家庭活动，还有在家长支持下的社区公益服务（Family and Community Events）。

孩子们的心总是纯洁而善良、热情又向上，天地的孩子们在爸爸妈妈的鼓励下将自己的所学融入社会场景，锻炼自我，传递正能量。而这一切的窗口，就是与家庭息息相关的社区。这样的社区公益服务由点及面，落实了"观—为—得"的思维实践模式，不仅将学生的个人体验与社会生活相结合，带给学生更加全面的发展，同时也为社会倾注一丝温暖的力量。

我们·助力公益

在家长的支持下，杭州天地实验小学406班的孩子们在春假和每周责任报告期间开展活动，锻炼"自我领导力"。他们举办了三次由高年段的学生带领低年段的学生共同完成的社区公益活动。这三次活动的亮点在于均为跨班级、跨年级的混龄活动。

1. 爱心义卖暖人心

第一次公益活动于春假期间依托市少工委主办的淘宝义卖街活动开展。孩子们于4月底自主组队，班内组队1支、年级内跨班级组队2支，共8人参与。从海报设计、商品选择到盘货定价、现场售卖、收益捐赠全程由学生自主完成。

淘宝义卖街活动

孩子们在此次活动中收益良多，不仅锻炼了与同伴之间的团队合作能力，还增强了与人沟通能力，同时加强了个人的理财观念。

2. 领导自我护他人

第二次社区活动是由天地实验小学17位学生共同参与的。其中406班8人，每人与一位一到二年级学生组队，带领后者参观中药标本馆、学习中药材的称量。孩子们两两结对，每组合作制作中药香氛皂。混龄活动，让高年段的孩子学会了自律，并以自己的榜样作用影响他人，低年段的孩子也能在哥哥姐姐们的爱护下学到许多课外知识。

神奇的中药之旅

海洋生物总动员活动

3. 小小领队拓眼界

第三次社区活动是围绕海洋微生物展开的。天地实验小学11位学生参与，其中406班6人参与活动。全体学生参观了海洋活性分子实验室，仔细观察海洋生物，认真学习海洋微生物稀释涂布，亲手用产色素细菌绘画。6人团队中，有2人之前接受过微生物培养的训练，作为"小小领队员"，带领另外4位同学进行操作，在学期科学课程上简介微生物相关知识。本次活动为课外知识的拓展，恰好配合了孩子们校内知识点的学习与巩固。

孩子们在一次又一次的公益服务活动中运用着自己平常在课堂上所学的知识，用领导力思维处理自己与社会外界的关系，收获社会情境下真实的人际体验，无形之中习得了领导力行为准则与效能原则。

我们·爱护环境

在406班孩子们助力公益的行动之后，304班时空小队的队员们也开启了爱护环境保护动物的美好行动……

这一切——

缘起，西湖边的一个新闻事件——有一位游客，从西湖里随手抓起了一只小鸳鸯想要带走，被在场的人制止后，又把鸳鸯扔了回去。后来，这只小鸳鸯因内伤而死。

触动，了解相关故事——天地实验小学304班时空小队的队员们通过阅读新闻报道，共同了解了关于"西湖小鸳鸯"的故事。他们得知还有一些小鸳鸯会因为游客不文明喂食，吃得太饱，被活活撑死。在解剖时会发现，死去的小鸳鸯肚子里有薯片、香肠等人类的食物，对它们来说，这些都是很难消化的。

行动，六月的周末——在了解到相关知识之后，全体队员于六月的周末一起出发到孤山景区，参与"西湖鸳鸯护卫行动"，以志愿服务的方式，参与西湖水域野生水鸟的保护行动。

这些"爱的使者"是西湖的客人，也是我们共同保护的野生动物。除了小鸳鸯以外，西湖的大片水域中，还吸引了大量的其他水鸟"入住"。小队成员们一致决定——要保护它们，得从制止游客的不文明行为开始！

时空小队的队员们在西湖边开展劝阻不文明投喂鸳鸯行为的活动，并向游客解释了理由。同时，队员认真填写"西湖鸳鸯守护行动"的志愿表格，并整理好志愿活动的物品。

作为"自我领导力"校园的一分子，走出校门，天地学子依然是小小领导人，将守护和责任扛在稚嫩的肩上。在积极参与社会活动中，以家园责任为己任，为守护西湖、守护自然贡献自己的一份力量！

我们·守护星星

纷纭变化的宇宙中，星星绽放着独一无二的炙热光芒。让歌声守护星星，让孩子感悟着每一处不平凡……

不平凡的2020，不平凡的中国，不平凡的英雄！在这一场抗击疫情的逆行战役中，每一位医护工作者守护着我们的健康与幸福。

杭州天地实验小学爱弥儿合唱团的38位同学深情录制了云合唱《夜空中最亮的星》，致敬英雄"逆行者"，致敬最美战"疫"人。在2020年3月17日这一天，杭州移动电视频道《今日关键词》栏目在杭州6000多辆公交车、80多艘西湖游船的电视上予以全天播放……我们用音乐的力量，传递爱和信心！

透过歌声，孩子们向夜空中的星星使者们传达着最为深切的感慨；

清澈纯净的童声穿透夜空，思念与祝福响彻大地。

"自我领导力"告诉我们，要"改变"思维，就要在心里牢记："改变"，从我做起！这样充满爱的教育浸润在每一个班级、每一个家庭，更渗透在社会的土壤之中。每一场充实有爱的活动离不开家长们的支持，孩子们对于"自我领导力"的认识也在一次次融入社会场景的体验中不断加深、持续升华。我们始终相信，积极主动地走入社会，将是孩子们人生课堂中充满意义的一课……

篇章三

③

领导力与教学系统相结合

LEADERSHIP

校长手记 NOTE

要养成"改变思维",就要在心里牢记。我们希望通过循序渐进的丰富的内容和有温度可实感的参与体验,逐步让孩子的精神内核萌芽生长,实现孩子身心脑灵均衡发展,形成健全的人格,最终释放孩子的天赋潜能。

"自我领导力"教育的总体架构是观(思维)—为(行为)—得(结果),主张从思维开始改变,进而改变行为,最终带来结果的改变。从行为上,我们除了教导"七个习惯"和领导力原则,学校还致力于构建领导力环境、赋予师生领导力角色,在各项活动中实践领导力。

但我们也深知,"学校改革的中心在于课堂",真正意义上的教育革命是静悄悄的,是从一间间教室里萌生出来的,"自我领导力"教育最终要落实到与学生的学业系统相结合,这也是学校推行"自我领导力"教育的难点。

天地是一所有着美好使命愿景的学校,作为这所学校的校长,我一直在思考,孩子们应该追寻怎样的学习?它不是浅表性的学习,不是应试性的学习,也不是单纯性的知识和技能的学习,而是一种体验式学习。体验式学习应该是一种深度学习,应该是知、情、行三维介入的学习,哲学上说就是一种通过参与、体验而获得生命的直接经验的学习。直接经验需要通过多感官参与习得。这种学习对知识的需求状态是可持续的,面向未来的,是整体学习素养(核心品格和关键能力)的提升,指向学会学习和实践应用,即拥有创造性地解决问题的能力。同时,很重要的一点是师生之间、学生之间在学习过程中的学教互动与教学相长。因此,从学生学习思维发展的角度来看,教学应遵循先学后教再思辨的过程,这就需要教师具有"自我领导力"的教育思维,善于赋能授权地教学,引导学生提出问题、设定学习目标、灵活使用领导力工具,促进学生协同学习、有效互动。同时还要关注社会情感体验、小组合作学习的能力,重视基于大脑的学习的指导性策略、审辩式思维等。

"自我领导力"教育相信每个人都有独特的天赋潜能、坚信每个孩子都能主导自己的学习,这样的思维,让老师们大胆地去赋能孩子,不断通过孩子的参与体验来提升孩子的"自我领导力",形成一个良性循环。

"自我领导力"教育提倡赋能授权的教学法,我们也可以称之为领导力教学法。赋能授权的教学的基础是师生之间建立深厚的信任关系,我们在每个班级、年级办公室都建立了情感账户,这帮助了师生之间、老师之间努力发现彼此的好,感知自己的好,这种彼此的欣赏和喜欢让深厚的信任建立起来。在此基础上,领导力教学法打破了传统教学中教师主导整个课堂的教学模式,真正实现了促发学生主导的共同学习,有效促进了学生高阶思维能力的发展。

为了让老师们的创意可以持续发酵,碰撞出新的智慧,每周一次讨论,每月一次教研,每学期一次"创课大会",就特别让人期待。这让好的想法彼此激发,形成

更多的团队智慧,最终形成一种天地独有的集体创课、协同反思机制,形成强大的课程研发能力。

为美丽课堂"创课",为美丽学生"深学",在课程研发和课堂学习中努力提升领导力,我们达成了以下共识。

1. 遵循规律

好的学习,就是顺应规律的学习。核心素养理念下的教与学,高度关注学习素养的提升。因此,各学科的领导力教学法是"教之有法又教无定法",其最主要的思维方式是相信每个学生有独特的天赋和无限潜能,学生在老师的启发指导下主导自己的学习,相信学生通过"体验式学习"可以找到适合的"打开学习的方式"。

教育的本质在于"引导"和"唤醒",在于"发展"和"成全"。"深入浅出"是教者的智慧和能力,把教者预设的目标与孩子的需求联系,让教顺应学。

2. 融化边界

充满领导力的课堂是一个融合课堂。同科融合,滋润课堂;旁科融合,另辟蹊径;全科融合,成就大家。融合式的体验式学习,是发现式学习、项目学习、现象教学。

充满领导力的课堂,是一个动态生成的课堂,好玩,鼓励学生发现、找到自我,对课堂的环境、课堂关系、学科元素进行高阶的自我思考与学习。它指向学力,多元发展,尊重差异;它来自学科,又不囿于学科,多姿多彩。

充满领导力的课堂探索的是新的教育生态,弥补单科教学的不足,点燃全科星火燎原之势,燎原的是学习张力、生活味道、全人成长,让课堂走进心灵。学生需要秧田式生长与立体化发展并存,教师需要基于真实教学情境研究的深度思考力,学校需要积累教研文化之后的科学梳理。自由生长,内生发展,课堂永远是主阵地。希望朝气蓬勃、阳光向上的天地人更具学习力和领导力,在教育教学生长中,获取教育教学的智慧,让天地的孩子成长得更加幸福和美好。

让语言与思维共舞

LEADERSHIP

教育是一个大磁场。这个磁场吸纳了怎样的文化，就会造就出怎样的团队，培养出怎样的孩子。"七个习惯""领导力文化"赋能天地教育人高站位的思考，让天地校园渐渐长成了全体师生与家长喜欢的样子。当然，学校要发展，一定是要聚焦课堂的。作为中国第一所"自我领导力"公办学校，天地教育人一直致力于让"领导力教学法"在课堂上落地，致力于促进天地课堂的高效能发展。从理念到路径，天地语文团队在课堂上践行着有益且有效的尝试。一堂堂氤氲着"领导力"的课在不同场合不同规模的公开教学中得到同行的广泛好评。

一、以终为始·着眼未来的教学

教育要着眼于未来。语文课堂绝不仅仅是语文知识的浇灌，更涵养着学生的精神底色。例如赵逸澄老师在执教二年级上册《寒号鸟》这篇课文时，便渗透了"积极主动"和"要事第一"准则。

《寒号鸟》这篇课文讲述了寒号鸟和喜鹊对待做窝的不同态度和结果，告诉孩子们：懒惰、得过且过是没有好结果的，美好的生活只有通过辛勤劳动才能得到。在教学时，赵老师先让孩子们同桌扮演，一人演喜鹊，一人演寒号鸟，朗读两次对话。

课堂上，孩子们分角色朗读两次对话，讨论寒号鸟和喜鹊态度的不同，再说一说自己更喜欢喜鹊还是寒号鸟。当然，孩子们喜欢喜鹊。这时候，赵老师继续追问：如果你是文中的寒号鸟，你会怎么做呢？你能用上我们学过的"七个习惯"

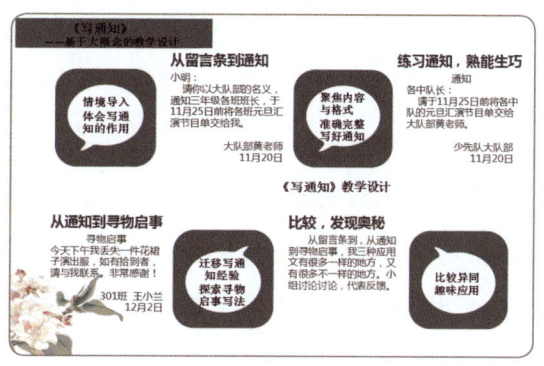

中的"积极主动"和"要事第一"准则，帮助寒号鸟改变悲剧的命运吗？联系生活，你也有发生过类似的事情吗？现在你会如何去做呢？在这样的问题情境中，孩子们渐渐明了自己在生活中、学习中该如何决定自己的态度和行为，积极地去面对挑战，克服困难。

如果说《寒号鸟》是立足于"七个习惯"对学生精神底色的渗透，那么教师自己教学意识的改变导致的课堂变化则更为显著。

以张婧瑜老师的《学写通知》一课为例。课堂上，她大胆地突破传统教学内容的局限，用系列生活情景故事从二年级上学期的"留言条"到新授的"通知"，再从"通知"拓展到"寻物启事""海报""邀请函"，将这些应用文串成一条线。课堂上，学生不仅学会了写通知，还富有挑战性地打破学习和生活之间的边界，把课上所得迁移运用到未来生活中去。张老师说：我们的教学是要以"为未来而教，为真实而学"为方向，秉持这样"以终为始"的理念，我们就要致力于建立着眼未来解决真实生活问题的需要，在真实的情境中，引导学生去解决真实的问题，发展能力，提升思维力，而不是割裂地片段式去传授知识。学生要面对未来生活，为真实生活而学。

二、要事第一·高效能聚焦教学重难点

一课一得，专注于最重要的事务就是一种高效能实践。聚焦并突破课堂教学的重难点，是一堂课的第二象限。高效的课堂，最重要的是看教学目标的精准度与达成度。

那么，课堂的重难点如何定位？以学生为本的教学理念告诉我们，学生的疑点、难点就是我们课堂的重难点。郝赫老师在执教《通过场景、细节，体会文章的感情》复习课时，特意搜集了学生近期的作业、摘抄，经过统整，发现学生在这一知识点上呈现出来的短板是：对于文章场景、细节中所蕴含的感情体会不够深入。具体表现为：（1）谈体会时只谈单一的感受，导致感受标签化，对文本内容的分析不够，对文本呈现的作用展开不多。（2）谈感受时只谈所写场景、细节中的具体内容，单纯分析，体会感情的部分略显单薄。（3）学生表述不清晰，层次不明显，达不到"内容、作用、感情"三个层级的呈现。基于这样的分析，郝老师在课堂中，以学生为主体，

以学情为主导，充分发挥了学生的"自我领导力"。他从学生真实的作业入手，出示了学生前期的摘抄卡，引导学生进行感受、比较，发现写感受品评的提升法宝，设计了三组文本进行有梯度的练习，使学生在原有基础上将体会的情感表达得更为清晰，明显提升学生自主学习的思维力。

而对于低年级学生来说，一堂课开始的十多分钟是其注意力最集中的一段时间，是用来解决最重要的教学目标的。二年级的王安宇老师在执教《曹冲称象》一课时，为解决二年级学生思维难点，紧紧围绕"曹冲是怎么样称的"这一关键问题展开阅读。在上课伊始，王老师就带领孩子们读课文，快速地将目光聚焦到曹冲称象的语段。经过辨析，让孩子们明白曹冲说的5句话是描述称象的具体方法。找到准确信息，也是锻炼孩子阅读时需要培养的相应能力。

三、双赢共长·释放学习力的课堂

朱婷婷老师在执教《肥皂泡》一课时，为了突破学生学习的难点"说说吹肥皂

泡的过程",事先邀请了班里的一位学习能力强的孩子进行自学,并拍摄了一段"吹肥皂泡"的视频。课堂上,其他孩子在观看了该同学的视频后,学着这位同学的样子,用自己的话来讲做肥皂水和吹肥皂泡的过程。这样的梯度设计,既减轻了孩子说的畏难情绪,为说好吹肥皂泡的过程提供了支撑,也提升了拍摄视频学生的领导力以及其他学生的学习力,实现了双方的双赢共长。

再来看王敏芝老师执教《慈母情深》的一个片段:

母亲大声问:"你来干什么?"

"我……"

"有事快说,别耽误妈干活!"

"我……要钱……"

"要钱干什么?"

"买书……"

"多少钱?"

"一元五角就行……"

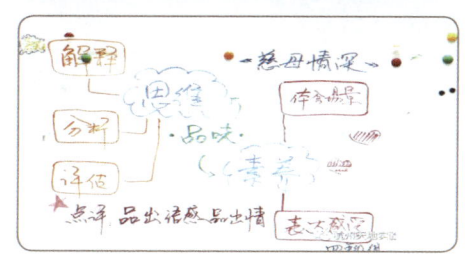

王老师在执教这一对话片段时,预设到学生一般只会注意到这一段的构段特点:没有提示语,独句成段。那如何利用领导力教学法去开启学生的学习过程呢?

王老师给予学生充足时间进行"读—思—议—述"。学生静静地阅读,在文字的浸润中去思考,去圈画批注,在文字间来回穿梭,形成个性化解释。然后在学习小组内自由表达自己的想法,相互交换自主探索的学习成果,表达个人态度;批判性地考查组内伙伴所提出的观点、假说、思路和方法;通过平等协商的方式与组内伙伴共享智慧,同时聆听他人的个体智慧,进一步拓展自己的知识视野,完善自身的思维。

知彼解己,以开放包容的态度去倾听,以双赢共长的心态去丰厚。学生通过自己的活动将符号化的知识"打开",将静态的知识"激活",这样的过程,便是学生主动探索、发现、经历知识形成的过程,是学生深度学习的机制。

四、统合综效·编织文本互补的经纬

四年级上册《精卫填海》是统编教材第三篇文言文,前两篇分别为三年级上册的《司马光》和三年级下册的《守株待兔》。朱旭艳老师在课堂上关注到了学生文言文阅读能力的迁移与提升,利用文本互补,统合综效,提高了课堂教学的容量与实效。

当学生关注到课文中"少女"的意思"小女儿",与现在的"少女"意思不同时,朱老师就结合学生学过的古诗文中古今不同义的现象,让学生回顾梳理。

当解释"游于东海""堙于东海"时,朱老师引导学生回顾《司马光》"群儿戏于庭"的意思,进而迁移理解"游于东海""堙于东海"的意思。统合综效,文本互织,使学习效果倍增。

当然,统合综效除了上述这种文本互织的模式外,还有朱旭艳老师在上小古文《猫》二则时采用的另外一种模式。该课例选用了两则来自民国老课本的小古文《猫捕鱼》《猫斗》。

课堂上,朱老师运用了小古文与美术、表演融合的方式来引导学生品读这两则情趣盎然的小古文。学生看画猜读"猫捕鱼"的馋态、品画演读"猫坠水"的窘态,随后又在读演结合、充满童趣的方式中,继续学习第二则小古文《猫斗》。当学生的脑海中浮现出两只"呼呼而鸣、耸毛竖尾、四目对射、两不相下"的猫时,就顺势引导学生用美术语言中的线条与造型勾勒出猫斗的动作情态,在故事剧场中表演"猫斗"的场景。

领导力教学法在语文课堂上的运用,建构了一种促进学生自我学习、发现问题,以及培养解决问题能力的学习环境。在领导力教学法的实践中,我们的教育理念渐次清晰,教学路径越发有效。它,指向的是高阶思维的训练,实现的是"自我领导力"的提升、未来人才核心能力的提升。

卷入式备课
促抱团研究

LEADERSHIP

杭州天地实验小学的数学组，是一支充满活力的团队。25位老师，老中青搭配，团结向上。数学组的老师们结成了坦诚、热情、上进、团结的学习共同体，在这个数学之家，大家互相鼓励，互相协作，在传统中创新，在坚守中突破，一步一个脚印，走向新的高度。

2019年10月28日，杭州天地实验小学数学组老师与安徽省小学数学国培班的老师们共同参加了一次主题式·导师制研修活动。此次活动主推"主题式"和"导师制"两大特色，通过一个个新颖的教学主题打开交流学习的路子，凭借一次次精准的导师"点穴"提高教书育人的本领。

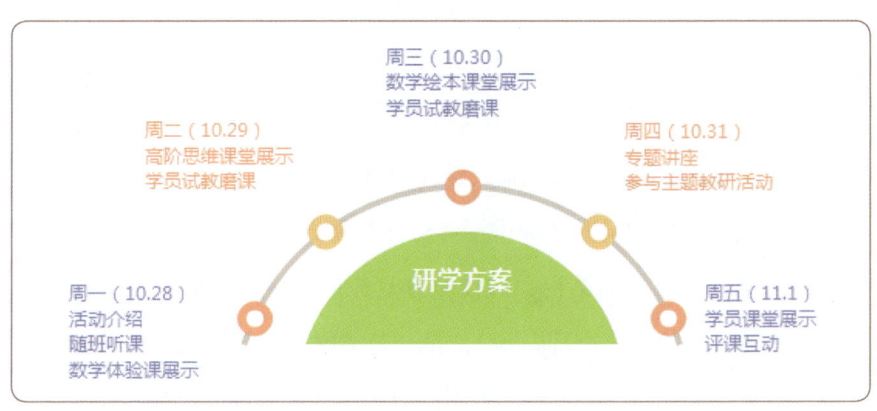

我们采访了杭州天地实验小学的数学老师，对此次活动进行了解。

采访时间：2019年11月5日
采访地点：杭州天地实验小学
采访者：陆艾玲老师（青年数学教师，简称"陆"）
采访人物：王允老师（数学组教研组长，简称"王"）

导师展示 学科融合

陆：王老师，这次活动学员们根据各自所教学段选择相应导师，划分了学习小组，走进课堂，聆听了哪些导师的教学示范课呢？

王：绘本教学引领者徐丹芳导师首先向学员们展示了绘本课程《阳阳数鸡蛋》，用生活的故事来讲述10的分与合，寓教于乐、深入浅出，符合低年段孩子的认知规律，有效激发学生的学习兴趣。

还有，骨干教师徐雪霞导师展示了统计课《平均数》，经由数据的收集、整理和分析，使学生体会平均数在日常生活中的重要作用和所蕴含的信息。当时，我也展示了一节概率课《可能性大小（1）》，通过生活实例感受简单的随机现象，使学生们体验到事件发生的等可能性。

陆：数学组真的是藏龙卧虎呀！体验式教学是我们学校的课程特色，强调跨学科融合，让孩子们的思维不仅有深度还要有宽度，对生活的体会更丰富、更深入。那这次活动中有体验式课程的展示吗？

王：当然。天地的吴胜老师讲授《魔方与立方体的联系》，介绍魔方的历史、魔方的类型、魔方的结构，讲授魔方复原的第一步，搭出一个白色十字架。项珏老师展示的《小小理财师》，是一节"财商思维"数学体验课。学生通过模拟购买各类理财产品，感受理财的收益和风险。同时，能够初步认识到合理分配资产的重要性。

陆：我们知道，数学课程不仅要让学生掌握必备的基础知识和基本技能，还要培养学生的抽象思维和推理能力。王老师，这次活动是如何激发学生对数学的学习兴趣，引发学生的数学思考，培养高阶思维的呢？

王：比如，我们的青年教师丁青青从《线段的计数》这一课题入手，通过抽象数学问题，构建数学模型，引导学生用数线段的方法解决实际应用问题，培养学生严密而准确的数学表达能力和观察能力。

青年教师郑洋老师《圆的认识》一课，课堂气氛活跃，学生积极参与小组合作，通过动手操作，感知圆的周长与直径的关系，理解圆周率的意义，认识我国古代数学文化的源远流长。而孟国红老师执教的《鸟儿鸟儿飞进来》，紧盯"倍的认识"这一教学重点，培养学生的观察、操作及抽象思维和表达能力。在学习过程中让学生体验生活中处处有数学，培养学生勤于思考及主动探索的精神。

名师启迪　集体教研

陆：听说，这次活动除了精彩的课堂展示，还有不少引人深思的讲座分享呢！

王：是的。你们熟知的正高级教师任敏龙老师就在活动中分享了题为《基于数学课关键能力表现层次的思维课堂》的专题讲座。任老师阐述了思维是能力的内核，能力是思维的外在表现。阅读理解、探究发现、

数学抽象、建模应用、推理论证、交流表达，这些能力都是内在思考的结果。清晰的表现层次，引导学生一级一级攀登知识的高峰，从而培养学生的关键能力和必备品格，锻炼学生的高阶思维。

还有徐丹芳老师的讲座《数学绘本课程的实践》，从课程起源开始，向大家诉说着数学绘本的理论——荷兰数学教育家弗赖登塔尔提出的真实数学教育。徐老师提供了数学绘本课程的整体框架，希望更多的学校能建立起数学绘本课程，在课程开发和实践中一同前行！

陆：如此优秀的数学组，是如何练就成的呢？

王：当然是"勤学苦练"了！10月31日下午，所有学员老师都参与了卷入式单元集体备课，每个老师都很认真。学生的前测和学业分项等级水平的展示、数学语言表达的训练范例、高阶思维的培养方法、"项目学习作业"的有效设计……这些内容都在备课交流中进行了汇报与探讨，老师们收获颇丰。

汇报交流　互动评课

陆：王老师，那这五天的学习成果如何，是否能够学以致用？我们怎么评判呢？

王：汇报交流、互动评课环节就是对本次活动成果最好的回答。例如，赵琰琰老师汇报的《神奇的一笔画》，趣味横生、可操作性强，充分发挥了学生的自主学习能力，将复杂的欧拉定理可操作化，让学生感受到学习数学的乐趣和获得成功的喜悦。吴霞老师汇报的《加减混合（一）》一课，很好地应用了高阶思维教学思想，注重培养学生阅读理解及交流表达能力，课程结构严谨，方法灵活多样，得到了导师们的一致认可。

课后，授课老师分别针对自己的教学谈了设计意图和教学疑惑。大家围在一起，在任敏龙老师的引领下，从数学知识结构入手，对课堂教学重点和难点进行了梳理，如"一笔画"中的三种点形成的逻辑结构，"加减混合"运算应用题中的应用，"可能性"中等可能性与分数均分的关系等等，都进行了一一探讨。

陆：谢谢王老师！听了您的介绍，我更为能身在这样的集体中感到自豪！

双赢思维　统合综效

天地数学组秉承"团队合作集体行走"的理念，让很多年轻老师在团队中得到了快速的成长。天地数学组的老师们多次承担区公开课与观点报告，得到教研员们和听课老师的肯定。而这些赞扬和成功的背后，是备课组老师一起团队行走的身影，是每次备课磨课凝结的集体智慧。他们明白：只有团队优秀，才能使团队中的每个人更加优秀。

这是因为天地的数学老师们拥有双赢思维，懂得如何统合综效，即在一个团队中，寻求互惠互利，一个人的成功并非要以牺牲他人为代价。他们拥有富足的心态，懂得平衡勇气与体谅，珍视差异，努力寻求第三种方案。他们拥有创新意识，懂得如何进行创造性的合作，既考虑自己的"赢"也会考虑他人的"赢"。

这就是天地的数学组团队，他们内化"七个习惯"的学习成果，立志勤教力学，为美好教育贡献一份力量！

综合艺术课的反应堆

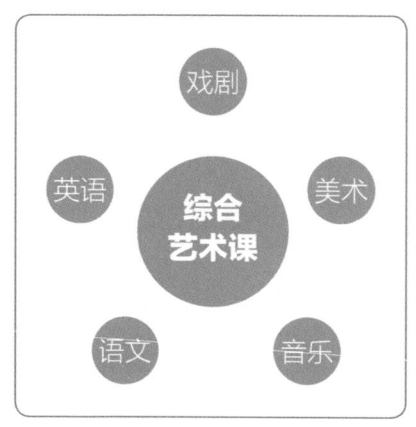

综合艺术课的诞生旨在打破学科之间的壁垒，将艺术渗透在各学科的学习之中，串联起语文、英语、戏剧、音乐、美术等各门学科，使之成为跨越更广泛的共同领域的课程。综合艺术课程从学科实际出发，兼有学生对于生活、伙伴交往、艺术欣赏等的参与，具有较强的实践性，通过艺术体验、戏剧活动、团队展示，让孩子在综合艺术活动中解放天性、自由成长；通过合作交流，让孩子学会表达自我、认识和感知世界，培养学生的自我领导力。

综合艺术课程的理念核心价值在于1+1＞2的授课效果。运用双赢思维及统合综效的思维模式，当我们在课堂之中给予学生更丰富的学习体量及学习方式，当独立学科学习转变为综合性的跨学科学习，当单一知识点的学习从点状变成线状，当艺术成为课堂当中的核原料，一个威力巨大的反应堆就此诞生！

比如在古诗文综合艺术课《猫》的学习中，美术的融入极大地帮助了学生用艺术的眼睛来重新审视这篇略显拗口的古文作品。结合图片和课文关键词，学生能够自主总结猫在对峙时的动作和表情特征，并尝试将各种线条与猫的造型相结合，例如"耸毛"用折线或短竖线等。当笔触连通作者所描述的场景，栩栩如生的两猫相斗画跃然纸上。艺术"源于生活又高于生活"，生活是美的，文与画所反映的生活更典型也更美好。画为可见艺术，文为可感艺术。文中有画，明明只是读文，眼前却常常闪现一幅幅画面。

又如古诗音乐融合课《牧童》，在这一节课的设计中，通过绘画作品、文学作品、音乐作品、动画作品的大量教学素材的学习，学生自然而然地感知到古诗《牧童》中所反映出的中国传统文化中的牧童形象。同时，在我国，自古代起就有配乐吟诗吟唱的习惯，故而教师引导学生用古调吟诵古诗文，了解古调吟诵的平仄之分后，通过五声调式确定旋律，自由创编，最终做到古诗文的吟唱。

艺术学科之间的链接也能帮助学生从不同的角度解读并理解教学内容。如音乐美术融合课《线条狂想曲》，通过体验和感受音乐，运用戏剧的肢体表现，在空间中共同完成线的美术创作。整堂课融合戏剧、美术、音乐等元素。体验式学习的过程，充分调动孩子们的听觉、视觉和身体语言。用线条表现音乐的环节，融合美术与音乐，学生在感受音乐的同时，掌握线条在画面中的运用与表现。线条在经过组织和排列后会产生节奏美与韵律美。将一般的平面美术表现，结合音乐与戏剧后，运用一定的摄影技术，使它在空间中呈现出来，这个过程更像是当代艺术中的行为艺术：以空间中线的形式，运用光

绘的艺术手段，在音乐《森林狂想曲》沉浸式的环境下，用身体去感受和表达。

又比如音乐戏剧融合课《狮王进行曲》。学生通过对动物特征性动作的自主创编，打开思维，自然融入音乐童话情境之中，并在非洲鼓的帮助下进行恒拍行走练习，为后续聆听音乐行走进行铺垫。在音乐欣赏时，通过分组对大小狮子的音乐形象进行创编表演，并进行律动。音乐活动的进行即是交流的进行。在这样的交流中，学生能更好地理解"知彼解己"与"统合综效"的意义，在与同伴的共同努力下，一起了解音乐主题旋律的先后发展，进一步加深对于音乐的记忆。

综合艺术课程区别于其他课程的另一个重要的思维转变，就是教师对于学生的赋能及授权。而戏剧这一综合艺术形式与各学科的连锁反应也极大拓宽了赋能学生自主学习的可能性。

我们都知道，儿童天生有学习语言的能力，而戏剧能为孩子们提供浸润式的情境和语言，鼓励孩子们通过自主与合作自然习得，自信展示，自如运用。所以，在天地的英语戏剧课《The Merchant of Venice》中，英语不再是一门学科，而是真正的语言。在这样的英语戏剧课中，老师和孩子一起创造、经历不同的英语学习方式，玩转英语表演，感知英语语言的魅力。

同样，在美术戏剧融合课《小白鱼的烦恼》中，学生观察寻找热带鱼身上花纹的特点，并通过微课学习绘制方法，开拓思路，帮助小白鱼解决身上没有花纹的烦恼。运用手绘的形式，将热带鱼从纸张转移到手掌，通过教师的引导，在课堂中融入戏剧元素，用绘画、表演的形式演绎海底世界，学生在加强美术动手操作能力的同时，打开身心在课堂中"玩"起来。

对于戏剧这一综合艺术形式，语言是其必不可缺的一部分。当戏剧走进语文课堂，《比尾巴》一课紧扣低年段语文教学的知识体系，以"戏剧游戏"为媒介，以"角

色扮演"来带动，将儿童的学习过程放在情境中进行，赋能学生成为课堂的主人公，用自己的整个身体主导自己的学习。它将戏剧游戏融入识字教学，提高孩子们识字兴趣与效率；创设多彩的戏剧情境，提升孩子们的语文阅读理解能力。课堂上，师生共同入戏，激发孩子们深层次的思维，走向多元的学习体验之路。

借由综合艺术课，学生在课堂上的自主性得到了极大的提高。在跨学科进行的一系列丰富有趣的教学环节中，教师自然而然地成为了一名观众，授权学生成为课堂中的主角，并将舞台放手给学生释放自我，而被赋能的学生也是乐在其中。随着综合艺术课的不断推进，反应堆式的效应也逐步反映到学生的身心发展、伙伴交际等多方面，进一步促进学生自我领导能力的发展。

美育入心
创"艺"无限

LEADERSHIP

美育致力于培养学生发现美、欣赏美、创造美的能力,是学生全面发展的重要组成部分。在这个注重全面发展、全人教育的时代,美育不等于单纯的美术教育或美术技法教育,而应将重点放在欣赏和创造能力的开发。在校园生活中如何发挥美育的价值,如何让学生在美育过程中得到最优化发展,这是值得我们思考的问题。

天地实验小学的美术老师明晰美育的重要性以及美术教育的痛点,在领导力原则的影响下,他们积极主动,利用体验式教学发掘学生的艺术潜能;天地孩子们在领导力文化的熏陶下,发挥"自我意识、良知、想象力、独立意志"的天赋,积极主动地在体验中动手、动脑,在实践中收获成长!让我们一起走进天地的美术大课堂!

一、走近自然,向美而行

疫情期间孩子们虽然不能像往常一样亲近大自然,但这并没有阻挡孩子们与自然交流的通道。四年级的美术老师带着孩子们,一起在家中感受自然的美,理解自然的美,创造自然的美!

1. 我和昆虫来聚会

最好的课堂不局限于校园,孩子们在家中获得更大的选择自由和创作空间。看到外面蝴蝶自由的飞舞,听着昆虫的叫声,他们的脸上满是羡慕的神色,于是一场昆虫聚会开始啦!他们有的展现自己"精湛"的衍纸技艺,有的用剪纸与同学一较高低,有的拿出折纸的看

家本领，还有的静静地描绘着喜爱的小昆虫。他们在作品制作中观察，在和同学"比拼"中进步，在实践体验中发现美！

2. 我和茶叶有故事

"乡村四月闲人少"，四月正是采茶的重要时机。虽然孩子们不能亲身体验采茶的乐趣，但是在老师的引导下，他们和茶叶也发生了故事。孩子们在家自学茶文化，从视频、文章、图片、音乐、诗歌中熟悉茶……学习之余，孩子们自主设计传播茶文化的茶文化卡，小小的一张卡片见证着孩子体验学习的成长，不仅加深了自己对茶文化的了解，还让茶香传播四方！

3. 我和春天有个约会

吴雪儿老师鼓励孩子离开书桌，迈开腿，走一走，和春天来个约会。孩子们拿着创意镂空画，就这么轻轻一放，定格春日美景！你看，那穿着碎花裙的小熊，播放着樱花的电视机，穿着保护色的小松鼠，扇动绿色翅膀的蝴蝶，"我看到啦！"看着学生的作品，仿佛听到孩子们惊呼，"老师，我找到春天啦！就在我家楼下呢！"

在这特殊的时期，孩子们虽停下了脚步，但奇思妙想和灵巧的双手忙忙碌碌。在细腻的观察下他们发现了美，在实践体验中他们创造了美，描绘着他们的所见所闻、所思所想，每一个作品都传递着他们从大自然中汲取的美好和力量。

二、关注社会，向善而行

在这个特殊的寒假，天地的孩子们因抗疫勇士们的付出感动着，震撼着！虽然他们未能在一线抗疫中帮忙，但是他们也以自己的方式战斗着，积极面对疫情带来的改变！看，二年级的孩子们在自创的《药丸卫士大战新冠病毒》定格动画中祈盼病毒早日远离我们，致敬所有白衣天使。一年级的孩子们在美术云课堂学习后，展开想象，化身未来科学家进行机器人的设计。四年级的孩子们纷纷拿起画笔，有的加油打气，有的宣传防疫，有的歌颂英雄……从灵感的迸发到细节的描绘，从素材的搜集到笔画的勾勒，孩子们通过一张张作品展现着作为一个小公民应有的社会责任感，并相信即使是微小的力量，也要参与其中，终汇成一股洪流。

三、主题学习，综合育人

天地的老师们经常开展美术主题学习，在主题下，多元融合往往会得到孩子们的喜爱，收获不一样的精彩！三年级的美术老师呼吁学生自己来创造阳光，"我心中的家园"主题教育应运而生。

学生们欣赏建筑大师贝聿铭先生的作品，从作品中感受到现代主义建筑师贝聿铭老先生，善于利用三角、圆圈、方块等一些简洁原始形状塑造空间的特点。

方娟老师和程穗老师制作了原创微课视频，共分7节，按步骤引导孩子们学习如何制作立体建筑。学生在微课学习之后，学懂悟透立体建筑的制作方法，思路一下子打开了，按捺不住创作的激情，于是一个个富有创意的立体建筑在孩子们家中"拔地而起"。在建筑师贝聿铭的感召下，孩子们不仅自己设计、制作了带光的建筑，还设计了《心中的家园》。有的小朋友把科学课上制作的滑梯搬到了自己的家园，有的小朋友建成了有内发光建筑的家园，有的小朋友连食品包装盒、台灯都用上了。

瞧！这是孩子们自己设计的《心中的家园》，这个家园里绿树成荫，鲜花遍地，蜂舞蝶翩踏香来，蛙鸣鸟啼奏管弦。游泳池、健身房、图书馆一应俱全，居民区的楼房高低错落有致，人们悠闲地在林荫道上散步、玩耍、锻炼……

美术单元主题式学习，给了孩子们广阔的自主学习空间，他们可以充分利用身边的素材，来制作，来创造；主题式学习，给孩子们提供了无限的可能和锻炼综合能力的机会，让孩子们能将科学、数学知识有机融合到美术课的创意制作中。

四、定格动画，创"艺"精彩

在"停课不停学"的特殊云课堂模式中，姚添元老师以"定格动画"为教学载体，引导二年级学生探索动态美学的艺术魅力。在"体验·融合·发现·创造"的综合探究性学习中激发孩子们创造欲

和探索欲。编剧、拍摄、剪辑、配音等一系列工序又锻炼了孩子们的耐心和思辨能力。短短几分钟的视频背后是几千张照片的整合，更是孩子们对于美育交出的一份精彩的答卷。

1. 联通学科，学以致用

学以致用是真学，知行合一是真知。定格动画课程教会孩子用新媒体的方式展现自己的艺术才华。拍摄题材的选取体现了孩子对于学科的认知。借助定格动画他们拍摄数学王国的奇趣与奥妙，定格英语家园的异国风情。他们导演诗词歌赋中的经典桥段，也编造着异想天开的侏罗纪世界。孩子们用它记录科学实验，用它诠释天文地理，用它创造属于自己的小小世界。

2. 道具选择，异想天开

小小定格动画师们在家网罗各种拍摄道具，彩笔、橡皮、魔尺、纸杯，甚至是五谷杂粮都被他们拿来拍摄。找不到道具就动手绘画、折纸、剪贴，无所不用其极。203班陈思亦同学利用红豆、绿豆、黑豆等道具拍摄了《月亮姑娘做衣裳》；205班的丁当同学更是利用奥利奥饼干拍摄了《月相》；209班的周朱涵同学赋予了乐高玩具生命，还用全英文给他们配了音……

作为一所倡导体验式学习的学校，天地的师生都非常注重领导力教育，"领导不是只属于少数人，而是人人都可以是领导者"的理念已经深入人心。美术课注重培养学生在观察中发现美，在体验中欣赏美、创造美的能力。这种体验式教学充分彰显了学生的领导力，激发每个学生的最大潜能。自我领导，创"艺"无限！

用体育的精神打造儿童

LEADERSHIP

如何不断更新？如何让体育课堂更有感染力？如何让学生更喜爱运动，享受运动？体育老师自身的课堂理念、专业水准和教学实践应用能力非常重要。一群人在一起，可以相互碰撞、激发灵感、启迪智慧。天地的体育老师不断交流，努力营造无处不在的领导力文化。从直接的领导力课程教学，到融入日常学习和生活的体验，从思维的转变，到行为的突破，用体育的精神打造儿童。

一、高效课堂提升儿童素养

2015年入职天地的叶科辰老师，在对小学体育高效课堂的探索中，针对教学的重难点，结合领导力教育的核心理念，在小篮球游戏《投球进筐》的体育课中，用游戏"赶小猪"的形式，尝试让学生之间分小组，互为"领导者"与"跟随者"，创设拨球路线与动作，自然地将带领学生热身的责任转移到每位学生身上，提升学生在课堂中的融入感，调动学生的积极性。

课堂中，学生在本组内伙伴大量练习的基础上，结合老师设置的引导问题，如"投球入筐动作用到哪些身体部位""投球入筐时怎样发力"，协助学生树立课堂的小目标，以终为始，主动与同伴交流，小组协同思考找到投球入筐的动作重点。学生在交流中知彼解己，沟通自己的想法，拓展自己的思维。之后，教师再采用逐步升级游戏的形式，将难度提高，刺激学生再积极投入练习，引导学生开发发散思维，由内而外地激发自身的卓越潜能。

正是由于叶老师的不断探索,在实践的过程中不断累积经验,撰写的课例《理念融合 强化体验过程 培养终身体育习惯》获得2018上城区体育学科优秀案例评比一等奖,2019年8月在由教育部体卫艺司、全国中小学体育教学指导委员会、中国教育发展基金会主办的第三届"全国小学体育活力校园创新奖"优秀案例评比活动中获"创新奖"并入选全国30强优秀课例,获"国际交流奖"赴美国交流。

二、创意游戏满足儿童心理

如何自制趣味骰子,天地的孩子们可以给你无数答案。一颗小小的趣味骰子,成为了学生们体育锻炼家庭作业的道具。让体育家庭作业脱离了以往单向的由教师

规定详尽作业任务而学生跟做的模式，升级为学生根据锻炼的任务，自主选择锻炼内容的多向模式，给予孩子充分的选择权，赋能授权，让学生做自己的主人。通过在骰子六个面设置对应的六项运动素质作为任务内容进行锻炼，学生的六项运动素质成为了学生的锻炼核心。既体现了体育锻炼的全纳性，又使学生在完成这个作业的过程中，能够抓住重点，有所侧重地自主选择具体练习项目时间和次数。学生成为学习的主体，教师引导学生在完成体育家庭作业的过程中，巧妙完成责任转化，教师更多承担着创设具体锻炼内容的任务，有效地增强了学生在体育家庭作业完成中的参与度和责任感。

在游戏创设的过程中，从学生的内在需求出发，尊重学生个性发展，立足于学生自身的体育基础、兴趣爱好、锻炼能力、学习习惯等，让学生自主制定锻炼内容。在锻炼的过程中将动作由易到难逐渐层层递进，不同层次的学生可以自由选择适合自己的练习次数和组数，学生在完成体育项目练习的过程中获得轻松、愉快、满足的心理体验。同样，作为居家平米锻炼的辅助工具，丰富锻炼内容，拓展练习方式，提升了创意游戏的深度和广度，可操作性大大增强。

三、平米锻炼改造儿童生活

在天地，领导力学习春风化雨，教师和学生都浸润其中。抗击疫情期间，我们的体育课堂从学校搬进家庭，平时奔跑的大操场变成了家中狭小的空间，不变的是学生对体育锻炼的热情。孩子们自觉执行自我领导力，老师们不断更新自我提高，都让我们看到"领导力"正在我们身边悄然发生。

在体育直播课上，老师通过设置摘星挑战环节，由易到难地安排练习时长，使所有学生有了明确的锻炼目标。练习的过程中，学生们积极参与其中，通过自身的努力来获得成功的体验。老师鼓励学生参与锻炼，将原本枯燥的练习内容转换成了趣味十足的挑战，学生积极主动挑战动作练习的时长。摘星挑战引导学生练习动作的自律性、参与度，由原来的"老师让我做"变成现在的"我要做"，让自己成为了课堂的主人，

让体育锻炼变成学生愿意去完成的事情。打造"学生累积摘星数量的反馈→教师积极地鼓励→调动学生在直播课堂的积极性"的有效课堂评价体系，老师可以更好掌握学生在屏幕那端的锻炼情况和学习态度。

除了体育直播课，天地的老师们还设计了有趣的室内平米锻炼内容，如居家高尔夫操，在动作设计中加入了高尔夫礼仪和四大挥杆技能元素，让孩子们通过简单实用的高尔夫操在家同样学习礼仪、巩固技能。又如"找笔"情境操，把情景剧结合进去，以"找一支笔"为情节，再配上好玩的语句，设计了既好玩又有趣的室内操，让学生们愿意融入其中，参与锻炼。

体育课堂不再是老师手把手的教学，学生照猫画虎，而是老师引导学生合作，启发学生思考。让学生担负起学习的责任，培养他们的学习能力，让学生带着问题在练习中寻找答案，在身体感受中探索出来的答案总能比只用耳朵听得到的内容更容易被孩子吸收。作为领导者与跟随者时，成功转换不同形式的思维方式，在运动中渐渐感受到动作从别扭到熟能生巧，在伙伴交流时不经意间说服伙伴得到社交经验等等，处处可圈可点。

这样的学校
这样的领导力剧场

LEADERSHIP

"从地到天,从天到地,万事万物多么神奇,多么神奇……"这是一首好听的歌,乔羽先生作词,歌词里那个"充满奥秘,无所不有"的世界,讲的仿佛就是我们天地实验小学,一所充满梦想的校园。

在这个充满梦想的校园,有一个"领导力剧场",每个孩子发挥自己的才能,领导自己在戏剧熏陶中渐入佳境,渐渐走向一种基于"七个习惯"的领导力剧场文化。

戏剧教师的烦恼

赵洁瑾是天地的戏剧教师,她热爱这所校园,特意为"她"编了一个歌舞剧《失落的一角》。她鼓励孩子们把自己的经验世界重新建构在虚拟的故事里,去想象、反省、观察及体验人类生活的内容与生存空间。为了把节目做好,这个节目的化妆全用油彩勾勒,光设计的道具就不下三十余件,可谓费尽心血。不负众望,歌舞剧《失落的一角》不仅代表学校参加了区、市的艺术节,而且一举拿下了两个一等奖的好成绩。

喜讯传来的同时,赵老师却经历着另一种煎熬,用她自己的话说,这个作品编排得太累了,赵老师感觉自己的艺术事业走入了瓶颈期。这样的一番话,让人深思。到底发生了什么?

常年的艺术研习,让赵老师养成了"复课"的习惯,静下心来,她觉得忙中出错是有原因的:编排作品犹如孕育一个孩子,往往亲力亲为生怕遗漏什么。她一直认为"好妈妈",就应当多操心一点,多干一点。但是随着作品要求的提高,需要关注的

赵老师口述：那一天是区戏剧比赛的日子，大家为此准备了很多很多，孩子们化完妆，我瞅着一地大大小小的道具，一件件的核对打包，生怕遗漏任何一样。核对完毕，我带着学生坐上大巴赶往赛场签到。

到了签到处一摸包，我居然发现原创节目申报文件忘带了！明明已经放在最显眼的地方，怎么可能忘记呢！我把包翻了个遍，真是没带！

疏漏文件意味着什么，意味着原创作品的理念送不到评委手里，意味着失败！我很丧气，为什么会这么健忘！手足无措之际，校长让保安加急送来文件，解决了燃眉之急。临上场，我又抓狂地发现道具拿错了，正式比赛的那个面具是有笑脸图案的，这个没有！怎么办？临时抱佛脚借来一支笔，画上简易的笑脸。这时比赛已经在催场，我把学生送上舞台，心里却冒着阵阵冷汗。

细节越来越多，琐碎性与复杂性严重地干扰了专注力，导致无法把精力集中到最重要的事情上，看来"好妈妈"的思维方式需要做出调整。

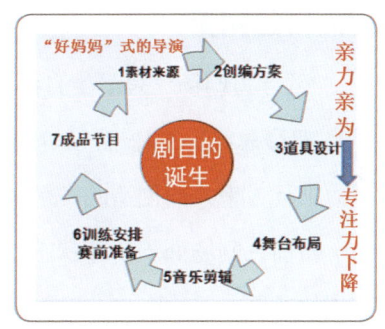

其实，赵老师的困惑也是所有艺术老师的困惑，为什么我们要包揽所有的活儿？为什么不够信任孩子？戏剧理论经常有这样的描述：戏剧是一群人做的事业。戏剧可以很好地支持学生在表演中认识自己、了解他人，并且在与自己、与他人、与文化、与知识的关系中形成适应终身发展的必备品格和关键能力。看来，我们没有真正读懂戏剧是什么，我们一直是在用陈旧的思维方式做传统的戏剧教育。

当戏剧遇见"领导力"

2018年暑假，"七个习惯"走进了天地实验小学，领导力教育的核心理念是相信每一位孩子都可以成为领导者，从而激发每个学生的最大内在潜能，为他们提供必要的领导力技能，使他们能在面对未来的生活时做好准备。

"让孩子从我们的眼中，看到自己的好，以至于他们愿意为自己而努力。"读着这一条使命，老师们因为这种"大爱"而热泪盈眶。

相信，看到。

没错儿，这就是教育者一直在寻找的力量。

戏剧应该是孩子们真实呈现自我的舞台，要相信每一个孩子都是舞台的领导者，全力发掘每一位孩子的天赋与才能，学会"授权"与"赋能"，让孩子成为剧场的小主人。

至此，陈旧的思维方式得以改变，天地戏剧舞台从"缤纷剧场"改名为"领导力剧场"。

尽力就是完美

"领导力剧场"是学生自己领导戏剧活动，并以"积极主动、以终为始、要事第一、双赢思维、知彼解己、统合综效、不断更新"这"七个习惯"为核心内容和领导力工具，来共同创造的一个属于孩子自己的舞台。

目前，剧场处于萌芽状态，此刻的她需要一个环境，需要一种滋养，需要一个属于她的故事。透过窗口，看着山坡上那棵手绘的习惯树，树下钻出茵茵小草，一个故事有了雏形……领导力剧场终于有了自己的故事，名字就叫《七个习惯伴我行》。

> **情景剧《七个习惯伴我行》故事概要**
>
> 杭州天地实验小学几个小朋友在一次探险活动中，发现了一棵神秘大树——"习惯树"，习惯树送给孩子们七朵神秘的小花，小花们成为了小朋友的新伙伴。在学校生活中，七个习惯树和小花们引领小朋友不断成长，成为具有领导力的自己。

优先顺序表

A **转变观念：**不是培养专业的演员，而是让孩子看到自己的好，愿意为戏剧而努力。

B **创编剧目：**让学生展现能力，发展思维，加深对领导力剧场文化的理解。

C **公演剧目：**通过公演与庆祝感受到，戏剧就是"尽力就是完美"。

认定方向，赵老师决定不再做"好妈妈"，要让孩子们自己做主。讨论各种问题或完成一些有趣的事情，让学生处于一种真实的情境中，关注到活动的进展与成果，这真是一次难得的领导力活动。赵老师还把自己该做的事，列了一张优先顺序表。

在社团活动中，老师和孩子们聚在一起，念起了社团的使命宣言：我们都是剧场的主人，通过排练一个剧目，发挥自己的潜能，相信尽力就是完美，愿意为领导力舞台而努力。老师站在舞台中央以身作则地念出使命宣言，不停提醒自己：要更新观念，要学会放手，把剧场领导责任赋予学生，而不是仅限于少数已经证明过自己或者凭经验认为优秀的学生。

据此，老师和孩子进一步讨论了剧场文化中的角色和职责。老师引导：如果我们要公演一幕剧，你可以承担哪些任务呢？哪些事是你可以胜任的？说说理由。讨论、沟通、发展、选择让每个孩子都有了自己的岗位，剧场让孩子有了归属感，只有当孩子感觉由衷且有意义地参与到了剧场活动中，才会认同自己的角色，才能培养出具有责任感的孩子。

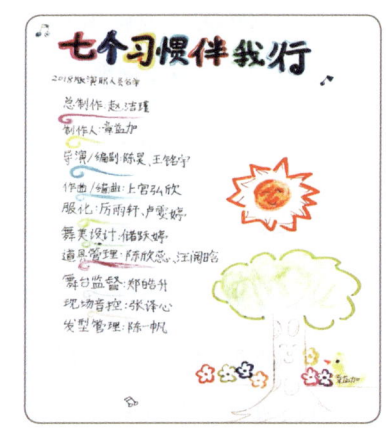

在领导力剧场中，"七个习惯"的践行可以在席地而坐的对谈氛围中进行，在一对一的沟通中进行，在发生问题的过程中进行，可以说"无处不在"。围绕剧目的排练，老师让孩子们认领许多小任务。例如：好习惯歌曲的创作、道具的设计以及表演服装的设计等等。

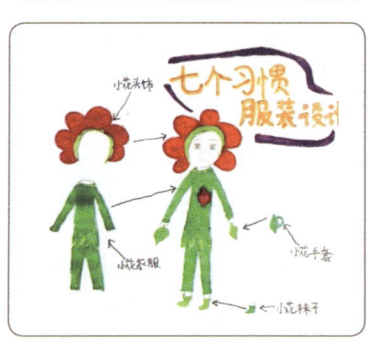

> **章益加小朋友的话**：今天，我有了一个新的身份——制作人。
>
> 制作人是什么？我赶快查找资料，原来规划排练的进度表、策划戏剧活动以及宣传剧目都是制作人要做的事。我有点担心干不好，赵老师说没关系的，边学边做。听了老师的话，我觉得我可以试一试，尽好自己的本分。
>
> 我的第一个任务是设计一张"演职人员表"，我参考了很多资料，终于完成了，老师夸我第一个活儿干得不赖！
>
> 我问老师，可以在习惯树旁画上我最喜欢的"小黄鸭"吗？老师说：你自己做主！哈哈，请你们仔细看哦，鸭子上有我的名字呢！

赵老师说，对于小朋友来说这些任务很难，但也很好玩。经常有"小领导"愁眉苦脸地来诉苦，说做领导是多么的艰难。赵老师忍住想帮忙的冲动，教会他们使用领导力工具去解决问题，安慰他们"尽力就是完美"。

她认为"自我领导力"正在学生中间构建，剧场的故事正悄悄地发生着……

小小作曲家——上官弘欣

上官弘欣是校园里的小明星。

天籁般的嗓音，"爱弥儿"乐队的主唱。她从二年级开始参加戏剧社团，如今已经三个年头了。她是一个比较有个性的孩子，很有"小领导"的范儿。在领导力剧场中，她凭借一把好嗓子，认领了作曲的职位，开始创作《七个习惯伴我行》的主题曲。

"老师我只会唱，不会写曲子。"

"我们可以用熟悉的歌曲来改编歌词呀！"

作曲是专业的事情，小学阶段的孩子能胜任吗？我觉得这是一个很好的学习机会。翻出一本书，指着其中的一个章节说，"你看，有一位叫保拉·埃弗雷的老师就把《一闪一闪亮晶晶》的歌曲改编成了一首习惯歌呢，要不你去试一试。"她会心一笑，灵感顿时来了。

上官"作曲"的过程中，类似于这样的沟通有很多次，每次老师都竭尽全力，寻找启发学生兴趣的方法，相信她，欣赏她，进行不断地授权及赋能，从而让他们找到解决问题的方法。一次次的会面就是教导的良机，关注学习的进行时，而非结果。

两个星期后，主题曲创作出来了。上官把著名音乐剧《音乐之声》插曲《Do Re Mi》改编成了领导力剧场的《好习惯之歌》，大家一下子喜欢上这首歌，赵老师告诉大家："这首歌是上官弘欣创作的，她是真正的小词作人。"上官谦虚地说："其实最后那句歌词还可以再修改，改为'不断更新身与心，变成最新的自己'。"

> **领导力剧场《好习惯之歌》**
>
> 创作人：上官弘欣
>
> 积极主动去选择　以终为始定目标
> 要事第一我能行　双赢思维我和你
> 知彼解己互倾听　统合综效解难题
> 不断更新身与心　七个习惯伴我行

道具管理员——汪阅晗

2018年10月26日，为了迎接教育首席技术官Lynne女士，《七个习惯伴我行》将进行首场演出，领导力剧团正在忙碌着。

不知哪里传来一声："完了，道具被撞坏了。"赵老师连忙赶去，一看，习惯树的一个树冠掉了下来，破相了！大家纷纷责怪厉羽轩同学，批评她推道具的力气太大，厉同学被批评得要哭出来："我今天不睡觉了，让爸爸来修！"

明天是剧目第一次公演，孩子们为此准备了整整一个月，他们着急的心情赵老师完全理解，老师按捺住想帮忙的心，看着孩子们如何解决这样的突发状况。

"道具管理员，你有办法吗？"目光齐刷刷看往一个角落。

剧团里钻出个个头不高的男孩，他叫汪阅晗，剧场道具管理员。大家盯着这个小个子，仿佛在打量：道具坏了，看你怎么办！

看着汪同学沉着的模样，赵老师的心里是踏实的。因为，他可以做到！

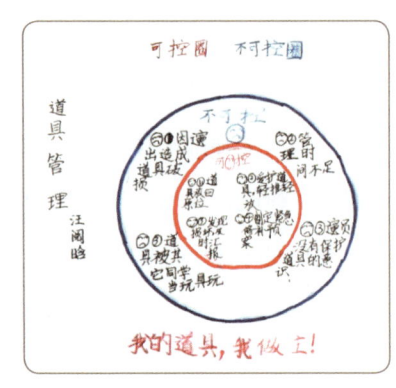

赵老师谈起了这个小男孩……

一次排练结束，我正准备回家，路过剧场时，看到一个黑黑的身影，凑近一看，正是汪阅晗。

"为什么不开灯啊！"

"衣服要一件件折好，放到袋子里。"

我很感动，为他点亮了小剧场的顶灯，他默默工作的样子，让我觉得小小的身躯充满着力量，我喜欢这个认真负责的孩子。

接下来，我特别关注他。我发现道具管理是个极其严谨的工作。汪同学为了让道具归位，花费很多时间，我想帮助他。我说："使用领导力工具吧，它可以帮助你提高效能。"

"在我们的生活中，有些事情是可以控制的，有些是无法控制的，我们应当把精力集中在可控圈的事情上来。"我看过《快乐儿童的7个习惯》一书，就和他讲了"积极主动"这个习惯，告诉他可以运用"可控圈"，让道具管理轻松起来。

通过"可控圈"的绘制，汪同学总结出了4条可以控制的事情。

1 每次演出完毕，把道具放回原处　　**2** 我们要爱护道具，做到轻拿轻推轻放

3 发现损坏及时汇报给老师　　**4** 制定道具紧急修补预案

为此，我们还讨论了"道具紧急修补预案"，并用流程图把它绘制出来。

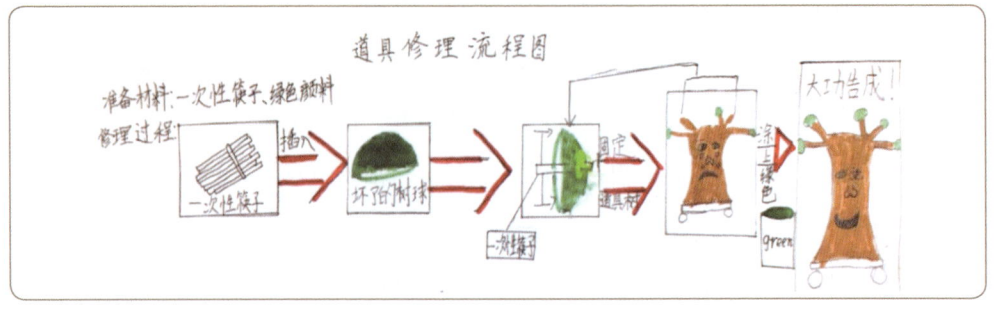

就是这一张紧急预案救了大家。

汪阅晗把图递给大家，孩子们一下子看懂了。接着，这位道具管理员又把准备好的修补材料拿出来——一捆筷子和一罐绿色颜料，大家惊喜极了，拍着他的肩膀说："真有你的！"

史蒂芬·柯维博士说：统合综效就是一加一等于十，或者一百，甚至一千！……它是关于激情、能量、智慧和活力的习惯，它能够创造远胜于过去的新现实。

教育激发出一个孩子的伟大，这位小小管理员通过自己的行动影响了他人。

"让孩子从我们的眼中，看到自己的好，以至于他们愿意为自己而努力。"将领导力融入校园每一个环境、每一门课程、每一次活动、每一间教室、每一个家庭，每个孩子的潜能都被充分发掘，每一个孩子都是"领导者"！

2018年10月26日上午，杭州天地实验小学作为中国第一所"自我领导力"教育公立学校，迎接全球"自我领导力"教育前首席技术官琳娜女士，开启"领导力剧场"的《七个习惯伴我行》剧目首演。琳娜女士激动地拥抱着小花们："这是一所多么了不起的学校，这是一群多么可爱的孩子。"

领导力剧场，未来可期！

家庭实验室
实现我的科学梦想

实验室，听起来是个非常专业的地方，是学校、研究所的专属吗？小朋友可以拥有自己的实验室吗？每个人都可以拥有吗？

著名科学特级教师、全国师德楷模陈耀老师掷地有声地告诉我们：只要你找到一个属于自己的角落，在角落里摆上你喜欢研究的东西，然后做你喜欢的研究，那么就组成了最简单的家庭实验室。家庭实验便是科学实验与家庭生活发生的一场美妙反应，更是孩童在生活中探索科学、体验生活的一种重要方式。

天地的家庭实验室教育努力为孩子打造一个跨学科、跨空间、跨时间的全人教育系统，这与"七个习惯"的"自我领导力"教育不谋而合。天地希望借助家庭实验室来调动孩子积极主动的习惯，选择孩子专注的影响圈，激励孩子在科学探究和实践中落实"七个习惯"的重要原则，成为最好的自己，会学、会玩、能说、能干。

于是，我们向全校学生和家长倡议设立家庭实验室、精心设计并展示寒暑假家庭实验室主题的科学实践作业、开通名为"天地少年科学研究院"的天地家庭实验室微信公众号、加入家庭实验室全国学校联盟、开展天地首届家庭实验室分享会、参加全国首届家庭实验室2018年春季峰会、参加家庭实验室全国学校联盟展示会……天地的家庭实验室教育有计划、有组织落实，让学生学得踏实、玩得痛快，更培养了一批又一批具有自我领导力的科学小达人！

赵唯之便是这样一位光彩夺目的科学之星。三年级，在科学课苏老师的倡议下，热爱科学的她便确立了目标，制定了计划，并积极主动地付诸实践：把自己的家庭实验室建在家中厨房的一角，并开展自己喜爱的科学实验和探究。认同女儿、支持女儿的妈妈本着双赢思维的原则，积极地帮忙购买显微镜、加样枪、切片、酒精灯和烧杯等实验工具和仪器，努力为唯之营造一个无条件的尊重与支持的环境。这让赵唯之的家庭实验室更加蒸蒸日上，她进一步充分地发挥着自己的主观能动性，自律自主地做完作业后便开始了捣鼓各种实验的有趣时光：探索两种溶液是如何混合的；尝试用钕磁铁让枇杷果旋转；用pH试纸检测蚕结茧前拉出的小便；用自家露台上的白兰花探索植物茎的作用……

专案（PM）名称：家庭实验室

行动步骤

编号	工作事项（What）	主要责任人（Who）	完成日（When）	说明
1	启动"家庭实验室"计划	陈耀 王雷英	2016.12	邀请著名科学特级教师、全国师德楷模陈耀老师做家庭实验室的专题分享，并启动家庭实验室计划。
2	天地STEAM科技嘉年华	王雷英 谢鸿锴	2016.12	开启STEAM主题游园。
3	天地家庭实验室倡议书	谢鸿锴	2017.1	向全校学生和家长倡议设立家庭实验室，并给予参考意见。
4	设计家庭实验室主题的暑假科学实践作业	谢鸿锴	2017.6	针对天地学生设计分年级的家庭实验室主题的暑假科学实验作业。
5	完成家庭实验室主题的暑假科学实践作业	各班学生	2017.8	各年级各班学生根据暑假科学实践作业指导开展实践探究，并撰写研究报告。
6	家庭实验室主题的暑假科学实践作业的展示	谢鸿锴	2017.9	对学生的暑假科学实践作业进行择优。
7	开通"天地少年科学研究院"微信公众号	周锦涛	2018.2	开通天地家庭实验室主题的微信公众号，用于分享和展示学生作品。
8	开展家庭实验室实践活动	各班科学教师	2018.3	各年级各班学生在家中开展家庭实验室实践活动。
9	开展家庭实验室的班内评选	各班科学教师	2018.4	以班级为单位，评选家庭实验室小达人，择优参加校级家庭实验室分享会。
10	参加全国首届家庭实验室2018春季峰会	杨骁涵及其家长	2018.4	前往郑州参加全国首届家庭实验室2018春季峰会，做《模型的空气动力学》的主题汇报，并介绍我校的家庭实验室的开展情况。
11	开展天地首届家庭实验室分享会	谢鸿锴 苏林冲	2018.6	开展天地首届家庭实验室分享会，组织全校学生参观和投票，评选出天地小达人和天地小硕士。
12	"家庭实验室"全国项目种子教师培训	谢鸿锴	2018.10	前往青岛参加"家庭实验室"全国项目种子教师培训，聆听讲座，参与发言，并参观青岛德国总督府和啤酒厂。
13	天地领导日活动展示	谢鸿锴	2018.12.29	天地领导日活动之家庭实验室展示。
14	暑假实践作业展示会	周笑燕	2019.9	全校学生参观以新五年级为样板的杭州西湖地形地貌模型展示。
15	参加家庭实验室全国学校联盟展示会	谢鸿锴	2019.12	前往江苏常州参加家庭实验室全国学校联盟展示活动，并分享成果。

本着分享和交流的想法，她还经常邀请同学们到她的"深夜实验室"里来一起研究过滤、燃烧等实验，甚至还拍摄微视频，并准备串联成连续剧，既能分享成果，又能收到反馈，得以改进。

天地首届家庭实验室分享交流会上，赵唯之不仅积极主动地展示自己的研究成果，还认真地参观其他同学的家庭实验室成果，如杨子骞同学的火山爆发、魏嘉文同学的电力飞盘、赵振宇同学的硬币分拣机等等，并与全校同学一起投票，评选出最喜欢的家庭实验室。小赵同学也由此获得了"天地小硕士"的荣誉称号。

序号	实验名称	具体内容
1	水墨"中国画"	两种溶液是如何混合的？
2	神奇的"清水"	这瓶清水里有什么，让颜料水浮在水面上？
3	海中的"黄宝石"	将油滴在清水和乙醇中间，使之漂浮。
4	蚕的尿液	对蚕宝宝的尿液进行pH值测定，判断是酸性的还是碱性的。
5	红色的白兰花	植物茎的作用是什么？
6	旋转的枇杷果	磁铁能让水果像旋转木马一样旋转，是真是假？

"做最好的自己"领导日的家庭实验室展示会前，赵唯之积极申请展示的机会，并认真布置自己的展位，设计宣传海报，精心设计自己的讲解词，以达到实验展示的最佳效果。"蓝色的清水在最下面，透明的乙醇在上层，黄色的油滴在两者的分界面处漂浮，像一颗黄宝石。"穿着白大褂的小科学家赵唯之自信大方地向同学们讲解并引导他们一起进行实验，赢得了同学们的一致好评，纷纷表示自己回家也要试一试！

一加一等于十。在赵唯之的积极倡导下，她收获了两位志同道合的小伙伴，组建氨基酸小鹿科研小队，一起研究厨房抹布和筷子的消毒问题。科学研究需要静得下心来，坐得了冷板凳，经得起失败的挫折，并且能从失败中汲取教训和经验，不断改进，最终获得客观、真实的实验结果。虽然研究过程中难免会出现分歧，但他们尊重不同的意见，并寻找大家都能接受的方案，共同面对难题。经过暑假两个月辛苦的研究，他们的成果获得了浙江省青少年科技创新大赛优秀科技实践活动一等奖的好成绩，并被推荐到全国级的平台上参赛。

坚定的信念、扎实的研究、有效的团队沟通能力、爱思考爱实践的品质，为赵唯之赢得了前往常州参加家庭实验室全国学校联盟年会（CPBL）的机会。她的《家庭厨房用具细菌调查及处理对策》CPBL科学脱口秀表演，博得了各地专家的阵阵掌声，更赢得家庭实验室创始人陈耀老师的赞赏！赵唯之以此还一并摘得了年度"杰出学生"、年会"小小科学家"的荣誉称号！

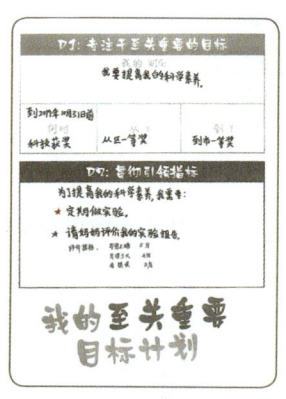
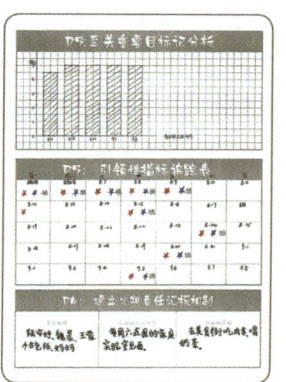
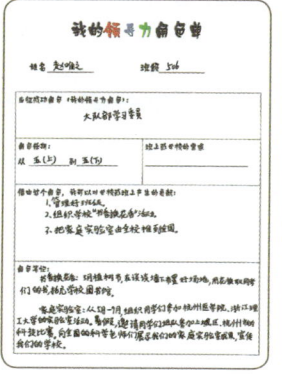
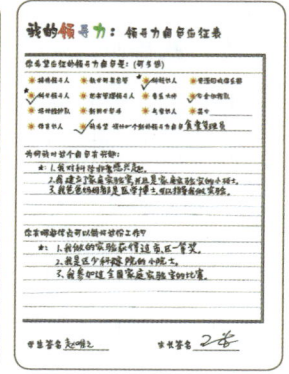

播种思想，收获行动；播种行动，收获习惯；播种习惯，收获品格；播种品格，收获命运。天地的家庭实验室教育在"人人都可以在家进行科学实验"的"观"下，通过课程设计、全校倡议、平台搭建、以赛促学等一系列全面的"为"，培养了一批又一批热爱科学实践、敢于质疑创新的小小"科学家"，更最大化地诠释了天地家庭实验室的理念：鼓励每一位学生联系科学和生活，体验科学探究的乐趣，提高自主探究的能力，提升科学素养，真正促使人人参与、人人发展，体验到科学的价值。让科学的种子在孩子们心里生根发芽，一起研究科学、体验快乐、全面成长！

挥动球杆
种下梦想的种子

LEADERSHIP

近期获函，经中国高尔夫球协会批复，杭州天地实验小学已正式成为"中国高尔夫球协会·校园高尔夫发展计划"全国七所试点学校之一，也是浙江省唯一一所试点学校。

早在2014年9月开始，我校便开设了青少年高尔夫课程，将天地体育组和杭州奥高国际教练团队一起研发的《玩转校园高尔夫》列入校本课程，天地也成为全国最早尝试校园高尔夫课程的学校。

六年寒暑，经历过时间的打磨，ShortGolf（校高）课程以习得礼仪、掌握技能、陶冶性情、构筑自我为方向，目标越发清晰，步履更加铿锵。

校园高尔夫充分利用有限的场地及安全易操作的球具在校园中进行高尔夫授课，目的在于让学生体验并学习到高尔夫这项运动技能。高尔夫的引进旨在学生自身内在素质的发展，通过高尔夫课程的学习，提升自律精神与自信心，培养为他人着想的习惯。其次，可以帮助全面了解高尔夫知识，掌握高尔夫技术，同时培养学生良好的意志力。

学校在三年级、四年级开设高尔夫课。每周四节体育课中，有两节课结合高尔夫相关内容展开教学，由专业教练和体育老师协同上课，

并分技能和礼仪两块内容进行评价。为促进高尔夫课堂的教学，学校每年都会举行一次高尔夫研讨会，天地老师与专业的高尔夫教练一起就高尔夫课堂的有效教学、课堂礼仪等相关注意事项进行研讨，共同促进校园高尔夫发展。五年级开始，高尔夫与足球、篮球、排球一齐列为球类选修课，学生根据个人兴趣自主选择。

通过几年的教学实践，孩子们受益匪浅。2020年春天，新冠病毒肆虐，在孩子们居家学习的特殊时期，高尔夫课程也继续发挥作用，帮助孩子们居家锻

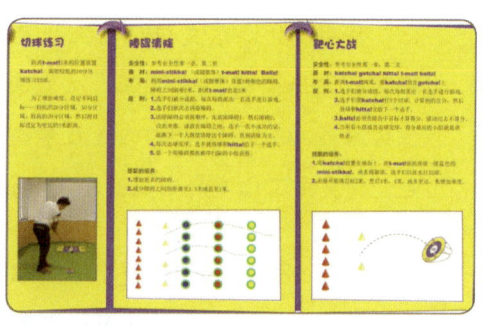

炼。学校师生共同编排了室内高尔夫操，这套操的动作设计加入了高尔夫礼仪和四大挥杆技能元素，简单且实用，同学们得以在家跟着音乐挥舞起来！

为了促进课程的进一步开展，学校专门成立了高尔夫课程开发的领导力小组：

其一：成立高尔夫校本课程领导小组。

校领导是体育拓展型课程的主要决策人，负责总体调控策划，宏观地掌握实施进度。分管领导负责组织协调、落实、检查课程进行中的事务性工作。教导处负责课程的具体课时安排、资料收集与校本课程档案管理工作。

其二：成立高尔夫校本课程教师团队。

体育教师负责收集和归纳课程开发所需要的文本资源，对适合学校开展的课程内容进行分析整理，并对学校的学生进行问卷调查和数据结果的统计，通过调查问卷的方式来了解学生对学习内容和活动方法的兴趣和需求。

其三：成立高尔夫校本课程专职教练组。

　　为了激活学生的体育潜能，并让学生得到进一步的发展，为学生提供更专业的学习与训练平台，学校提出多元推进、分层提高的策略，从外部聘请高水平的专业教练，为有需求的学生提供专业支持，并为体育后备人才的培养创造机会。

其四：统合综效，凝聚高尔夫课堂教学智慧。

　　高尔夫教学团队将单纯的个体教学转变为小组分层教学，让课堂效率最大化。每年度的高尔夫研讨会上，我们的教学团队总能呈现出有趣新颖的高尔夫课堂。比如：模拟球场课，从表面看这是一堂具趣味性的高尔夫模拟实战课，但从深层次看它是将SG四大技能全部融合在了这场趣味赛中，在强调技能的同时，更突出了比赛规则及高尔夫礼仪的重要性。

其五：联赛活动成就小小高尔夫领导者。

　　我校已举办了两届校园高尔夫联赛"天地莱德杯"。从联赛前的备战开始，各班充分调动孩子们的积极主动性，人人参与，共同发力。从班级的队旗设计，到口号设计、海报设计，大家脑洞大开，集思广益，用彩笔挥洒独特创意，展现自我风采。小小球童日日辛勤练习，朝着自己的小目标进击。联赛中，每个孩子都扮演着多个角色。在比赛时，他们是努力拼搏的高尔夫小选手；在场下时，他们是场边最热情的啦啦队成员；在休息时，他们是最善于观察的捕捉者与创作者。通过联赛，每位小选手都有着各自的收获：毅力、责任、自律、专注、信心、诚信、友谊……

微电影课程
走进第七艺术

LEADERSHIP

都说"孩子是天生的艺术家",在这个智能化的新时代,孩子们在生活中接触到的艺术形式也更为多元。

从前欣赏梵高的作品,需要跋涉万里,远到荷兰的阿姆斯特丹。而今,你可以通过数字影像、网络博物馆、AI设备等各种途径,深入其中,感受大师的风采,了解大师的一生。

当然,艺术展现形式的多样化,也给了艺术教育一个更大的课题:我们要教给现在的孩子什么?儿时,艺术之于我们是绘画、书法、钢琴……那么,之于现在的孩子呢?

他们应当拥有更广阔的视野,更多元的文化体验。

在天地的微电影课程中——定格动画工作室一直是孩子们心目中的"神奇小屋"。他们脑袋里的奇思妙想,白纸上的信手涂鸦,都能在这间小小的屋子里幻化成一部部生动有趣的微动画。

定格动画是一种非常传统的动画展现形式,其历史甚至可能比传统意义上的手绘动画更长。与此同时,定格动画又是一种与儿童非

常亲近的艺术形式。它通常用木偶、泥偶作为主角，拍摄过程结合了传统的摄影技术，又融入新的制作软件；由于制作过程的细致要求，又使其本身对于短小有趣的故事更为友好；剧本创作，主角造型，环境布置，拍摄制作，元素不一而足……

定格动画的特性决定了创作者必须是一个各有所长的团队。

于是，在学习"七个习惯"的积极氛围影响下，天地的孩子们组建团队，自主分工，成立了属于自己的定格动画工作室。"闪电豌豆""阿曼丝""随便"……一个个极富童趣又充满活力的工作室名和手绘LOGO，让天地的定格动画工作室瞬间温暖起来。和团队里的同伴一起写下使命宣言，明确自己在团队中、在自己的分工角色里，以及在交流展示活动中所要完成的任务，达成的目标——"七个习惯"，让我们真正"以终为始"，也让"开始"变得目标更明确，更有动力！

定格动画微电影的创作是一个漫长的过程。工作室里的每一个孩子既有自己的专长，又要学习一定的新技能。学会画分镜脚本，亲手制作角色人偶，一起学习拍摄软件……几乎每一个环节，都需要孩子充分调动自己的学习热情，不断更新，像海绵一样吸收新的知识和理念。当然，"众人拾柴火焰高"。要完成一部定格动画微电影作品，最终靠的是一个团队中，每一个人的努力。在定格动画微电影的制作过程中，我们充分感受到建立情感账户的重要性。大到创作一个剧本的时候，角色的数量、背景的位置设定，小到一个细节动作是否调整，一个镜头的秒数多少。创作过程中，有无数个需要磨合的环节，需要讨论的步骤。起先，孩子们常会各执己见，多少会因为这样那样的细节和小矛盾拖慢整体的创作进程。

但当情感账户出现在定格动画工作室后，

孩子们的改变令人惊喜。在创作意见出现分歧的时候，孩子们不是首先表达意见，或是争执起来。他们会齐刷刷地看一看在工作室一角的"情感账户"——今天，我们的创作是为这个共同的账户

加分还是减分呢？一部作品创作出来后，我们的情感账户是更加殷实，还是变得干瘪的？这一眼，给了孩子们一个"停下来，想一想"的时间，也让孩子们用更好的方法去处理相互之间的意见分歧，使得整个创作过程更为融洽。

当然，在"天地领导日"当天，定格动画工作室的孩子们也是各个大显身手：有的孩子是技术领导者，有的孩子是宣讲领导者……每个孩子都怀着巨大的热情展现出自己的领导力，表达着对定格动画的热爱。

天地的定格动画体验课，是浙江省精品课程《快乐微电影》的一个重要部分。领衔人许允老师带领着团队编创了《微电影工坊·妙趣定格》一书，贴近学生生活，而且每一节课都配套微课教学。这本教材循序渐进，让孩子们通过实际操作不断地发现问题、研究方法、习得经验。鼓励孩子们在"经历、发现、创造"的体验式学习中，一起探索微电影世界。

作为一支由一线教师组成的团队，在课程的开发和创造过程中，自然会遇到很多难题。比如团队由各科目教师组成，时间很难对接；日常教学工作十分繁重，学校活动众多；团队成员人数有限，时间更是紧张；每个人的意见和想法都很重要，总会出现差异……"七个习惯"给了我们很多解决难题的灵感。

老师们运用前三个习惯，积极主动承担力所能及的任务，在面对难题时用积极主动的语言互相鼓舞。开始行动之前先设定目标和计划，在繁杂工作中理清思绪专注于重要的事，并合理运用休息时间完成共同目标。

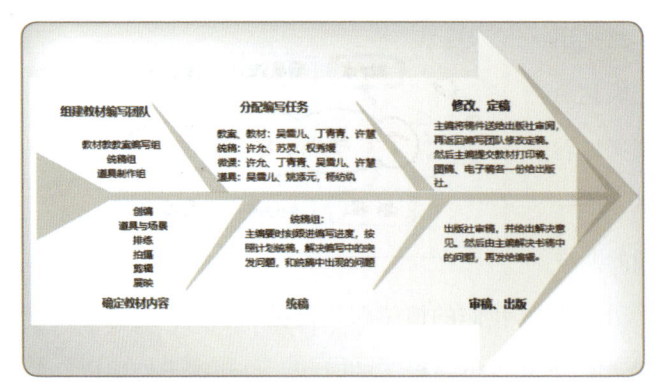

他们还决定利用下班、周末时间，合理安排会议，制定每个阶段的短期目标，并利用工具图明确个人任务和截止时限。

在实践过程中，老师们明显感受到一个领导力团队与普通群体之间的差异。我们互相信任、互相支持，以尊重的态度寻求他人理解，并珍视每个人的差异。在意见不合时，共同寻求第三种替代方案，最重要的是，我们拥有共同的目标。

《妙趣定格》教材编写项目甘特图

项目内容	各阶段任务	负责人	1月份	2月份	3月份	4月份	5月份	6月份	7月份	8月份	9月份	10月份	11月份	12月份
课程纲要	1.课程纲要	苗森、苏灵												
	2.单元设计	许允、苏灵												
	3.知识点技能导航	苗森、苏灵												
教材编写	1.第1-10课的教材撰写	丁青青、吴雪儿、许慧												
	2.评价表的设定													
	3.场景角色道具的制作	姚添元、杨防纨												
教材第1次修改	1.内容呈现的儿童化	苏灵、吴雪儿、姚添元												
	2.增加学生评价表	许允、苗森												
	3.增加教材对应的微课	丁青青、吴雪儿、许慧												
教材第2次修改	1.教材图片增加	丁青青、吴雪儿、许慧												
	2.教案的跟进	丁青青、吴雪儿、许慧												
	3.教材统稿和整合	苏灵、苗森												
教师手册修改	1.第1-10课教师手册的编写	丁青青、吴雪儿、许慧												
	2.教师手册的统稿	许允、权秀媛												
合同签订项目统筹	审稿、出版等事项	许允												

在遇到难题时共同解决，珍视每一个人的意见和差异，互相理解、互相支持，在团队中展现每个人的领导力。办法总比问题多。

在一个个充满创造力的活动中，孩子们动手、动脑，规划、设计，感受、经历。我们可以给现在的孩子更多元化的艺术体验，用一种亲切而质朴的方式，定格他们的美好时光。

创客机器人
会跳舞的机器人

随着科学与技术的进步，智能机器人活跃在我们生活的方方面面，比如能做家务的扫地机器人，能端菜的服务员机器人等。天地的体验式学习课程与

时俱进，把机器人请到了课堂上，致力于开发人形机器人教育课程。人形机器人集机械、电子、材料、计算机、传感器、控制技术等多门学科于一体，能够模仿人类的肢体动作，从而协助人类完成各种工作。学生可以通过计算机编写程序，指挥机器人完成规定的动作。天地的机器人文创课程融合了现代科技和艺术修养，学生不仅学会了给机器人编写程序的方法，还与机器人交朋友，教机器人跳舞，给机器人拍电影，一起创造丰富多彩的生活。一起来看看天地吉祥物方方和圆圆对话的这个场景吧：

"天上掉下个林妹妹，似一朵轻云刚出岫。只道他腹内草莽人轻浮，却原来骨格清奇非俗流。

娴静犹如花照水，行动好比风拂柳。眉梢眼角藏秀气，声音笑貌露温柔。眼前分明外来客，心底却似旧时友。……"

方方：这不是《红楼梦》中的《天上掉下个林妹妹》吗？嗯……唱腔俏丽，音色婉转，情真意切，果然是越剧的经典曲目啊！圆圆，难道你们小剧场又开演新的剧目了？

圆圆：是呀，这回主角可不是一般人哦！我们都退居幕后了。

方方：你们去负责灯光音响摄影了吗？那主角是谁呀？

圆圆：幕后可不止灯光音响这么简单哟！走走走，我带你进去瞧瞧，你就知道了……

（方方、圆圆走进小剧场，只见小剧场里高朋满座，灯光璀璨，剧演正酣，丝丝入耳，宽敞的圆形舞台上是正在表演的……）

方方：机器人？主角是机器人？

圆圆：对啊，表演得怎样？

方方：轻歌曼舞凝丝竹，此舞只应天上有。珠缨炫转星宿摇，花鬘斗薮龙蛇动。

圆圆：好好说话！

方方：衣着艳丽，舞姿优美，曲舞合一，没想到机器人和越剧这么搭，毫无违和感！

圆圆：那可不，这可是我们天地实验小学精心独创的机器人文创课程，完美融合了现代科技和艺术修养。你看，中国人工智能学会机器人文化艺术专业委员会的黄剑锋叔叔正在给我们王雷英校长和学生校长汪宜霖授牌，创建"人工智能文化创新实验室"呢！

方方：这么厉害！刚才你说，幕后不止灯光和音响，难道……这机器人也是你们编程的？

圆圆：嘻嘻，你猜对了。不止机器人的越剧服饰、动作编排、代码编程和调试改进等各项内容，还有导演、主演、编剧、摄影、剧务等各类分工可都是我们学生一手包办的哦！

方方："自我领导力"的天地孩子果然不一样！你们是怎么想到机器人和越剧结合的点子的呀？

圆圆：我们学校不是戏剧特色嘛，当然想尝试下机器人和戏剧的融合啦。不仅是越剧，还有融合京剧、微电影等的机器人课程呢。你看过的《夏日与笔头》微电影就是我们的杰作呀。

方方：哎，这部电影我好喜欢的！401班吴彦儒同学和机器人Pando两位主演太棒了！导演除了许允老师，竟然还有605班的傅诗涵同学，也太老练了吧！

圆圆：对呀，他们都是我们机器人社团和戏剧社团的优秀学员。王校长曾经说过，每个人都是自己的领导者，做最好的自己，才能影响别人！

方方：有道理！无人驾驶、机器人、大数据、互联网+、5G时代、AR和VR……人工智能的发展如火如荼，未来怎么样谁也不知道，唯有做好自己，

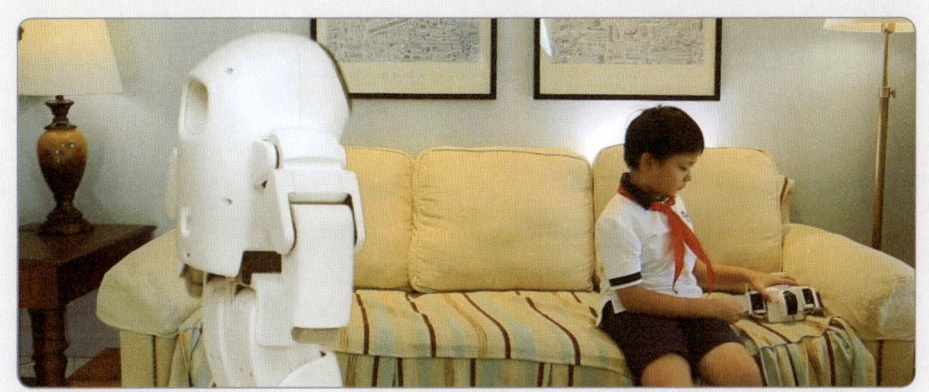

做自己生命的主人，才能以不变应万变。

圆圆：是呢。未来将会有许多未知的挑战，天地致力培养面向未来的孩子，当然要以终为始，从娃娃抓起，既传承中华的传统文化，又发展计算和逻辑思维，更要培养同学们的创新能力啦！

方方：目前，天地的创客机器人发展得怎么样啦？

圆圆：除了学校被授予"浙江省教育机器人应用示范建设学校"和"杭州市智慧教育示范校"的荣誉称号以外，天地学生也在WMR世界创客机器人大赛、浙江省中小学电脑制作活动之创客竞赛、杭州市青少年创客大赛、杭州市青少年机器人竞赛创意项目、上城区中小学生机器人大赛等各级各类的科技比赛中获得佳绩。天地为了让学校里的每一位孩子都能学习到机器人课程，接下来将会把信息技术教学大纲中的教学内容进行整合，带着教育机器人课程从精英走向普及。

方方：这么优秀！快说说目前有哪些机器人课程，我可以去旁听吗？

圆圆：除了乐高机器人的搭建课，天地还开设了魔方机器人、少儿编程、3D打印、电子创客和机器人文创课程、信奥课程等综合课程，《玩转APP》和《机器人微电影》等校本教材正在出版中呢。走，我带你到B3楼创客中心参观参观……

hi~ 我们是爱弥儿乐队

LEADERSHIP

在天地所有的学生社团中，爱弥儿乐队的成长故事令人瞩目。他们短短几年的闪亮变化，让我们有理由相信：自我领导力就是每一个孩子的动力引擎。他们找到了正确的打开方式。在音乐中，在舞台上，他们的小宇宙爆发了——

我叫戴哲阳，从幼儿园开始我就跟架子鼓结下了深厚的友谊。我喜欢这件乐器，因为它联通了我跟音乐，让我可以用手中的鼓棒书写自己的旋律。当然，我更喜欢的还是跟乐队的小伙伴们一起，在台上尽情释放！我们的乐队有一个闪亮的名字——爱弥儿乐队。这是我跟同班的四位小伙伴一起组建的乐队！

"爱弥儿"的成立要追溯到2016年6月的那场校艺术节草坪PARTY。当看着台上自信的乐队表演，当时还在读三年级的我拍红了小手，一脸羡慕和崇

拜，从小学习架子鼓的我被舞台上鼓手的激情和洒脱深深地吸引了。那一刻，一股前所未有的感觉萦绕在我的心头，第一次，我产生了如此强烈的愿望：要是我也能加入一支这样的乐队该多好！

悄悄定下这个目标的我，惊喜地在班上发现了四个志同道合的小伙伴：钢琴技艺娴熟的魏嘉文，爱好吉他演奏的陈骏晨，对贝斯有着浓厚兴趣的赵铭轩，还有拥有天使般嗓音的上官弘欣。我们这些同样来自306班的各有音乐所长的孩子们一下子就凝聚到了一起，在校领导、爱弥儿俱乐部老师和家长们的协助下成立了天地实验小学的首支电声乐队！

或许是因为怀抱着同样的愿景汇集到了一起，我们的乐队训练特别高效，每个人都积极主动地参与其中。我们定下了排练计划，将乐队排练作为"大石头"放在周计划的第一位，每个周末都抽出固定的时间集合排练。短短一年的时间，我们的乐队就像模像样起来！小伙伴们都铆足了劲磨练自己的技术，为了乐队在台上能够有更好的表现而努力！

当然，乐队一路走来有欢笑也有泪水。但在困难面前我们从不退缩，一起面对！

《千本樱》大挑战

乐队成立快一年了，突然接到了学校张老师布置给我们的一个新任务，那就是和我们学校古筝小分队的伙伴们一起联合排演《千本樱》并且期待能够在上城区七色花艺术节中获得名次。这个任务一下子把我们乐队的成员们镇住了。只有两个月不到的时间来得及吗？而且《千本樱》这首曲子速度非常快，旋律变化也快，在短短的时间里面如何能够快速准确掌握演奏技能，还能和古筝队的小朋友完全合上拍呢？乐队的小伙伴们认真坐下来冷静思考！我们想起了领导力工具图——鱼骨图来辅助我们的目标落实！我们有了目标就应该在脑海里进行第一次创造，只有把目标落实到具体的措施中去才有可能在第二次创造即实际应用中发挥得更好。

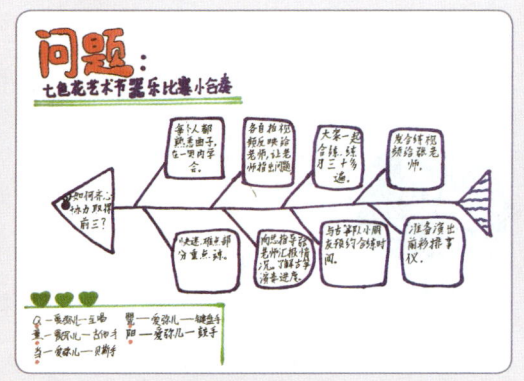

吉他手陈骏晨提出，我们先把每个人的曲子在一个礼拜里都学会，然后可以拍视频发给自己的指导老师，看有什么问题。贝斯手赵铭轩提出两个星期以后我们大家必须一起准备开始合练。键盘手魏嘉文提出了要考虑古筝小朋友的练习速度和音量，因为我们电声太响怕声音盖过他们。主唱上官虽然这次不参与演出，但是根据她的舞台经验提出我们要预约古筝队的小朋友早点确定最后一起合练的时间和地点，这个非常重要……最后，我们把大家的意见都绘制在了鱼骨图上，并且制订了时间期限，即整个过程不能超过一个半月！

功夫不负有心人。经过有目标、有落实的练习过程，我们爱弥儿电声乐队的孩子们和古筝队的伙伴们成功完成了这次大挑战，在上城区七色花艺术节器乐小合奏比赛中荣获二等奖！

失败并不算什么

乐队成立快两年了，我们在一次次的比赛和演出中更加成熟了，渐渐有了自己的一些演出风格，也得到了很多老师和专家评委们的肯定！2018年当我们得知自己入围了全国迷笛孩迷总决赛的选拔赛后心情更是激动不已，毕竟这已经是冲出浙江进入全国的选拔赛了！爸爸妈妈们也是一如既往地支持着我

们，安排好各项事宜，一同前往苏州孩迷舞台进行比赛。

参加选拔赛的乐队非常多，我们第一次看到了很多来自浙江省外的乐队。山东的、天津的、新疆的……都是来自五湖四海的乐手们啊！不同的演绎风格，不同的曲风彻底打开了我们的眼界，真是不出家门，不知天下之大呀！初出茅庐的我们虽然有自己的小自信，但是在一些技艺娴熟、演出经验丰富的乐队面前还是败下阵来，没有进入最终的选拔赛。

比赛非常疲惫，回到酒店的时候已经是深夜11点了！我们的心情充满沮丧，开始有了些互相的埋怨，气氛也变得凝固起来！但仔细想想，评委们对我们的意见和建议不正是为我们指明了今后努力的方向吗？我们应该振作起来，重新来审视我们每个人具体的问题和整体的问题！第二天爱画画的上官在纸上画下了领导力工具图中的优缺点分析图。我首先分析了自己的不足之处，其他乐手也都认真分析了自己的优缺点，我记录后填写在表格里作为我们乐队今后的努力方向进行留存。我相信在哪里跌倒就应该在哪里爬起，我们的乐队一定会努力上一个新的台阶！

我们的终极目标——特金奖

转眼间，我们即将进入六年级的学习生活，这也意味着我们爱弥儿乐队可能还有一年的时间在一起合练，演出，比赛！我们的心里一直有一个愿望：能够在浙江省现代音乐嘉年华中争取特金奖。连续两年的金奖已经让我们不再满足于第二了！这一回，我们一定要发挥每个人的主观能动性，冲刺第一。

但是，比赛资格审核时，我们乐队因为年龄的问题正好进入了青少年组的赛队。这个消息一下子让我倒吸一口冷气！青少年组，那我们的对手可都是初中组的哥哥姐姐们啊！我们还能实现自己的愿望吗？队友们不觉都有些丧气！我忽然想到了我们之前有计划有落实的七色花艺术节比赛，给小伙伴们打气说："没事，我们有过那么多次的比赛经验，有失败，但更多的是通过努力获得了成功，让我们再来制订计划和具体的落实措施，成也好，败也好！努力就是一种进步！"乐观的队员们一起冷静下来，这次我们严格按照柯维博士的4DX表格来制订我们的具体计划和落实情况，以此来提高我们每个人的自制力和执行力，并且根据队员们的表现进行相应的计分评判，让每个队员都齐心协力地努力拧成一股绳，一同实现我们的目标！

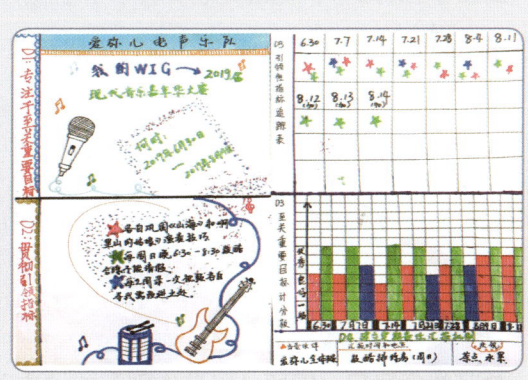

整个夏天，队员们除了赶各种兴趣班课，就是花时间来练习曲子了！每次排练都没人缺席和迟到！大家互相鼓励着，监督着，虽有小矛盾但在大目标面前都彼此化解了！我们挥洒着汗水，不厌其烦地一遍一遍排练着……

终于到了比赛那天，看着个头比我们高大的哥哥姐姐们，虽然心中压力不小，但也来不及细想了！如何配合默契、保证不出错才是我们该关注的！晚上七点，评选结果出来了，当听到评委公布爱弥儿乐队获得青少年组特金奖时，全场沸腾了！爸爸妈妈和我们抱成一团，老师为我们点赞，通过手机信息发布着我们的好成绩！

走上领奖舞台，接过奖杯和证书时，我们激动得快哭了！这份辛苦多么值得！爱弥儿，我们是最棒的！不管以后走到哪里，我们爱弥儿的精神永远都在！

教师领导日
领导力教学法展现多样态课堂

LEADERSHIP

2020年12月9日,杭州天地实验小学主题为"多样态课堂,打造天·地学习圈"的教学节隆重开幕。3天时间里,9堂教学展示课,6场课例分享,5场观点报告,3场专家点评互动……天地实验小学以线上线下相结合的方式多视角、多维度地向专家学者、领导、教师展示了天地课堂的"多样态",共同探讨、构建"天·地学习圈"。这不仅仅是一场盛大的教学节,更是一次教师的领导日。

领:积极主动,以身作则

教师的领导日,需要"以身作则"式地主动引领。学校高度重视这场课堂教学的盛会。行政管理层不仅早早开始智慧谋划、前瞻布局,还身兼重任、率先垂范,亲自承担教学节的各个岗位。王雷英校长亲自执教五年级经典文本《慈母情深》,任敏龙老师为数学专场带来观点报告分享,周红副校长、朱强副校长、苏林冲组长等主持各专场活动。各位校长、组长精心去展示课堂、引领课堂,旨在聚焦教学质量的突破,展示教学理念的落地实施,引领教师队伍的快速成长。系列活动所呈现的积极主动、柔性管理和张弛有度,充分体现了学校管理层身先士卒的勇气和以身作则的领导力,更是激发了学校发展的内生力。

导：统合综效，团队效能

教师的领导日，需要"团队合作"式地探索聚能。七个专场，以组为轴，全员参与，团队协作，术业专攻。绽放生命活力的美育课堂、打开身心实现疗·育的阳光戏剧课堂、回应影像时代对阅读挑战的语文课堂、从判断到决策的道德思维力培养的道法课堂……客观地展露了天地多样态课堂的模样。精美的作品展览、小小领导者文化、英语戏剧视频展播、美文朗诵、原创数学绘本馆展示、农业智慧课程浏览、家庭实验室宣讲、无人机互动表演……有趣展望了教室"小气候"、教学"大生态"的未来美景。这一系列活动的开展，不仅是优秀团队的努力，更有项海刚局长、张黎明教授等领导和专家的倾情助力，指引了一条奋力前行的智慧路径。

1. 课堂教学展风采

绽放生命活力的美育课堂。音乐组冯艳、朱思源和郭恬老师分别从律动、合唱以及舞曲三个角度对低、中、高三个阶段的学生进行了教学课例展示；美术吴雪儿老师则将绘画与传统民俗文化相结合，将兴趣与思维提升融合，为大家提供了一种新的教学范例思考。

唤醒身心发展的戏剧课堂。王天阳老师借用绘本故事《风喜欢和我玩》与学生展开了一场轻松自然、活泼有趣的戏剧课学习。整堂课学生都是用身体在感知与思考，随着角色想象与情境叠加的创意延伸，他们的身体被唤醒，情绪得到释放，思维于无形中也得到了发展。

回应影像时代对阅读挑战的语文课堂。影像时代改变了传统阅读方式，与其受限于对传统阅读的冲击，不如从影像找突破口，将影像与阅读相融合，助力学生深度学习。任啸老师将画面与文字结合，从可视化的角度入手，联系生活经验，带孩子走进儿童诗《明天去远足》。朱旭艳老师借助视频、音频等资料丰富学生语言学习的素材，遐想自然万物的美好。学生在思辨中发现作者写作的奥妙，在共学中品读大自然这本"永远读不完的大书"。王雷英校长执教了五年级经典文本《慈母情深》。整堂课紧扣"慈"字，链接影像阅读，搭建思维支架，让学生在思辨、审辨中学习，

从慈颜、慈行、慈训中读懂慈母长远的爱，读懂慈母的远见卓识。

聚焦道德决策力培养的道法课堂。 六年级孩子向往长大，勇于尝试参与公共生活，但对自己的权利和义务并不明晰。基于学情，苏灵老师利用学习单撬动思维支点，课堂以生为本补充法律知识，引领学生进行各种形式的思考和对话，加深学生对法律的认知。

培养学生高阶思维的数学课堂。 教学中要注重积累操作性经验，提炼思考性经验，培养高阶思维。孟国红老师引领三年级的学生，呈现以"日晷"为主题的数学研究活动，学生自主创造24时钟表盘，激发创造性思维。王允老师和三年级的孩子们一起探索数学"规律"，通过一系列自主活动，掌握找规律的方法，积累思考性经验。

项目化学习实践的科学课堂。 谢鸿锴老师引领508班学生呈现的《我们的滑翔机》一课则是天地项目化学习实践的一个剪影。整堂课重过程轻结果，重体验轻讲述，让学生在经历中发现，在发现中思考，在思考中改进，在多学科融合的学习实践中实现综合素养的提升。

一堂堂精彩的原生态课堂实景，展示出了天地教师与课堂的别样风貌。这也是天地建校以来一直以儿童自由生长为基点、学科自然融合为基础，致力于提升校园教育教学生命力的成果展现。

2. 专家引领促生长

五育并举，五育融合。活动开幕式上，杭州市上城区教育局项海刚局长为"天地教学节"开幕致辞。项局长高度肯定了天地教学节立足课堂教学的定位，他认为，教学不仅是学校发展的王道，还是教师进步的赛道，更是学生成长的跑道。课堂教学是学校育人的核心所在，我们所强调的"五育并举、五育融合"，不仅在课堂上丰富孩子们的德育认知与行为，同时还提升智育理解与思辨意识，让学生在体育锻炼中享受乐趣、增强体质、健全人格、锤炼意志，在美育活动中发现美、欣赏美、创造美等。课堂让教育真实发生，可听、可感、可赏，真正实现教书育人。

美育和美，有滋有味。浙江省美术教研员冷莹、杭州市美术教研员李方、杭州市音乐教研员尹丹红、上城区音乐教研员黄燕、上城区美术教研员王杨燕分别对美育课堂进行了精彩点评，对四位老师的课例给予了高度肯定，并且一致认为，孩子们律动的课堂、融情的参与，充分体现了学习的张力、生命的活力、成长的动力。

戏剧育人，着力"将心"。张黎明先生的讲座《身体剧场——动中觉醒的自我疗育》在浓厚的国学文化氛围中展开。讲座中，张老师高度肯定了王天阳老师执教的《风喜欢和我玩》这堂课。随后，从绘本与戏剧游戏、疗·育与疗·愈、行知与对话三方面展开交流，提倡专注自由的课堂学习状态。从"匠心"走向"将心"，指向育人最终目标——孩子靠自我的力量生长，成长为一个挺立的人，立于天地之间，内心无惧、舒展自由。

文影互鉴，思辨生长。蒋军晶老师、汤亚梅老师、陆虹老师、钟玲老师、杨文华老师、滕春友老师分别就不同学段的阅读教学分享自己的见解。"影像时代、语言文字、以文化人、真实课堂"，天地语文课堂精准借助影像手段，采用图文结合的方式，激发学生文字阅读兴趣，营造学习氛围，做到了学习在课堂中真实发生，学生在课堂上灵动生长。

德育融合，智慧引流。方丽敏老师从"什么是德育课程"、"什么是课程德育"、"课程德育的实践意义与现实途径"三个方面进行分享。她认为德育可渗透在知识教学、各科教师的言传身教、各科的课外教育活动中，将德育真正融于学生的生活，融入学生的身心。

困难促思，启迪思维。邵虹老师认为当学习过程中开始出现"困难"的时候，学习才开始发生。低年段学生思维的培养，要关注可视化的思维进程。课前，了解学生已有的思维经验；课中，将低阶思维和高阶思维整合在一起，构成多样化的、由低到高的层进式的教学活动，在实现学生低阶思维发展的同时，推动高阶思维的发展。

理论引领，知行合一。浙江省教育厅研究室小学科学教研员姜卫英老师肯定了天地对项目化学习的前瞻性思考和实践，谢老师的课堂灵动、有意义，学生思维活跃、积极参与，在动手、动脑、感悟和体验中，像科学家那样思考探究，像工程师那样实践创新。浙江外国语学院徐月明教授围绕项目式学习的"知"与"行"详细介绍了项目化学习的理论基础和操作建议。除了理论引领，徐教授建议老师们不要只局限于自己的所教学科，要多融合、多实践，真正做到知行合一！

3. 多样生态育生长

天地教学节不仅有教师的精彩展示，专家的妙语连珠，更有天地校园孩子们学习生活真实情态的展现。"宫商角徵羽，琴棋书画唱"，天地学子一帧帧精美的书画展品，流淌着生动的艺术之美；"人人都是领导者，尽力就是完美"，小小领导者们一张张微笑好客的脸庞，流露着动人的自信之美；"抑扬顿挫、铿锵有力、声情并茂、感同身受"，天地孩子一句句深情的朗诵，传递着信念

之美、语言之美……精致有趣的英语戏剧展播、彩色跃动的皮筋表演、灵活多变的魔方秀、充满智慧的校园农业课程、精妙绝伦的无人机表演，无一不在向与会的嘉宾们展现着天地课程之广阔，天地学习之和美，天地生活之丰润。

力：双赢思维，百花齐放

教师的领导日，需要"协同发展"式地赋能授权。 多样态课堂中，学生主动学、深度思、笃实行。在学生自由生长的同时，教师也拥有了向上挺立的强大力量，在探寻和反思中快速成长。除了师生在互动中实现了自我成长以外，参与活动的其他教师也在观摩交流中，受到了影响和启发。

为期三天的"天地教学节"，不仅仅是天地的节日，更是省内外结对的兄弟姐妹学校共同的盛会，来自延安、雷山、开化、龙游、常山、萧山、富阳、鹤峰，8个地区，十几所学校，线上线下约4000名教师一起聚集，共同参与，参观校园，观摩课堂，聆听报告，参与交流……

在教学中思考，在思考中审辨，在审辨中提升。一位与会教师引用了王雷英校长的话，表达了自己内心的感受："在这里，我们期待遇见。遇见文字，遇见读文字的人；遇见发现，遇见引导发现的人；当然，也会遇见问题，我想那也是别样的精彩。"在天地，老师们在共学与双赢中实现了百花齐放的美好愿景。

思考的天地，不止于外显。更重要的是一种思考的沉淀，天地孩子和老师都在努力尝试一条让思维可见、让领导力可见的路径，探索能在孩子身上看到思维和领导力镜射的课堂。

今日努力，未来可期！

天地教学节现场集锦

后记 AFTERWORD

在杭州天地实验小学，看到一群活泼泼的孩子

北京大学历史上任职时间最长的校长、浙江余姚人蒋梦麟先生曾说："好的教育应当培养出活泼泼的孩子。"是啊，作为自然生长教育推广人，我常常和家长们说，请让孩子像野花一样自然生长。可是，这些年走过很多学校，却并不是总能看到活泼泼的孩子。

一些孩子，眼神黯淡，没有这个年纪该有的阳光灿烂；

一些孩子，步履沉重，没有这个年纪该有的热情奔放；

一些孩子，过于拘谨，没有这个年纪该有的率性张扬；

一些孩子，大人味十足，没有这个年纪该有的天真烂漫……

所以，2019年5月24日，当我走进浙江杭州天地实验小学时，突然眼前一亮，我看到了一群像孩子的孩子们，看到了一群在一片麦田旁像麦穗一样蓬勃生长的活泼泼的孩子！

一进校门，孩子们正在表演非洲鼓，动作舒展自然，落落大方。表演结束，一个男孩向一位外宾做自我介绍，介绍完自己还不忘介绍一下身后的小伙伴们。孩子的状态是自信而开放的，是既有自我又善合作的。小伙伴们老朋友般向我们招招手。

我随机问身边一个孩子："你喜欢非洲鼓还是架子鼓？"

他想都没想就回答："当然是架子鼓啦！"

我很诧异："为什么？"

他笑了："架子鼓更响！"

我也笑了："更酷更炫，是不是？"

男孩如遇知音："对！对！"

我追问："那你干嘛还玩非洲鼓啊？"

他反应蛮快："我可以既喜欢架子鼓也喜欢非洲鼓啊！"

答得好！我用一句广告语回敬这个机灵的孩子："哦，更多选择更多欢笑，是不是！"男孩会意地笑了。

这是天地小学的孩子，率真，机智，还告诉我，人可以有多种选择，真乃智慧也！

王雷英校长带着我们先参观了一片试验田——孩子们亲手种下的一片小麦地。一个女孩迫不及待地向我介绍："这是我们去年底播种的！下雪时我还害怕它们会冻坏呢！"一个男孩接过话茬："不但没冻坏，春天绿油油的可好看了！"又一个男孩接着说："到月底我们就可以收割啦！"我问他们，是第一次种小麦吗？他们齐声答是。

多好啊！体验式教学让孩子们体验城市里难以接触到却天天要食用的粮食的生长过程，这该给孩子们留下多么美好的童年记忆和多么深刻的印象啊！五月的阳光照耀着即将成熟的小麦，微风中麦浪翻滚，我耳畔响起李健的《风吹麦浪》，看着孩子们红扑扑的笑脸，觉得他们好幸福！

参观人群中的一位外宾，正是青少年经典读物《杰出青少年的7个习惯》的作者肖恩·柯维先生。2018年8月，天地实验小学全面引入"自我领导力"项目。今天，他来到天地实验小学参加"自我领导力"活动。

肖恩先生的父亲史蒂芬·柯维博士的著作《高效能人士的7个习惯》，我在2011年就读过，我觉得"七个习惯"的养成对成人是非常适合和必要的。可是，这种"自我领导力"的培养，适合孩子吗？我思忖着，观察着。

王校长继续带着我们参观校园。可是，这一行人却常常被孩子们"带跑"了。有时候是嘉宾们问孩子们问题，孩子们不仅抢着回答，还要领着我们去实地看；有时候是孩子们主动介绍他们认为值得分享的东西，结果就把队伍"带偏"了。我注意到王校长脸上一副无奈却又高兴的表情——被孩子们"抢镜"，的确让她很自豪吧。我发现，"七个习惯"中的第一个习惯"积极主动"已经在天地实验小学生根发芽，孩子们的自主性、自发性让我惊叹"自我领导力"的力量。我看到了一群敢于跟校长"抢镜"的真实、可爱、有主见、不唯上的孩子，这是何等的难能可贵！

在天地领导力剧场，我们欣赏了一台活泼、亮眼的演出。到过很多学校看孩子们的表演，我常常感慨现在满天飞的网络娱乐节目对孩子们的影响太大。一些孩子的表演过于成人化、模式化，失掉了童真童趣；一些孩子太在意观众的反应，表演不够投入，失去了自我和个性。看天地实验小学的孩子们表演之前，我有过这样的顾虑。

不过，精彩的表演看完之后，我的担心被证明是完全多余的。不管是校园情景剧《七个习惯伴我行》，还是中国戏曲大连唱，或是钢琴与小提琴合奏乐《苗岭的早晨》，孩子们都表演得既投入又放松，既有一定的专业素养又不失童真。尤其是家庭历史剧《少年骑士团》里，十来个孩子把庄园主一家、仆人一家、铁匠一家演得惟妙惟肖。主演庄园主的小朋友正在换牙，却一点儿不影响发挥，把一个原先看不起底层人民后来终于转变观念的庄园主演活了。小铁匠也演得到位，真诚地表达了自己就想当铁匠，做自己喜欢的事情的愿望。把活动推向高潮的是在表演结束后孩子们向观众拉家常般聊起排练时的花絮故事。演妈妈的小朋友说她的"儿子"每次排练都会笑场，最高个子的"庄园主太太"骄傲地说她是剧团的化妆师，帮每一位小演员化妆……孩子们在台上的那种自如、洒脱，孩子们如花绽放的灿烂笑容，让我相信了"七个习惯"中的"双赢思维""知彼解己""统合综效""不断更新"等是完全可以落地的，是适合孩子们的。

即将离开学校前，我在走廊的墙上看到了一句话："领导力不只属于大人、少数人，每一个孩子都可以成为杰出的自我领导者。"

是的，我坚信"七个习惯"教育的"自我领导力"非常适合孩子，并且越早实行越好。我准备回家就带着我的两个孩子练起来。当然，我和先生要先做起来。因为，活泼泼的天地实验小学的孩子们告诉我一句话：

"改变从我开始！"

王　莉

自然生长教育与儿童阅读推广人

《书香润童年》《陪伴的力量》《童年可以如此美好》作者

北京十一学校联盟总校校长

李希贵郑重推荐

★ 实用、可行的方案和设计思路

★ 成功实现空间转型带来教与学的提升

★ 引爆学习，引爆学校教育

重新设计一所好学校

作者：（美）普拉卡什·奈尔

定价：49.00元

重新设计学习和教学空间

作者：（美）普拉卡什·奈尔、
　　　罗尼·齐默·多克托里、
　　　理查德·埃尔莫尔

定价：49.90元

学校需要重新定义！

世界知名的学校设计大师普拉卡什·奈尔，从丰富、创新的校园设计实例和插图入手，重新思考及重新想象有关学校学习和教学空间——落实教学变现，让学习和学习环境之间的互惠年复一年地迭代。

既适用于新建学校，又适用于翻修改造的学校，侧重于利用现有的资金改造学习空间和学校建筑。